only for Certified Public Accountant

MIND

MICRO ECONOMICS
CPA 미시경제학 마인드

윤지훈 편저

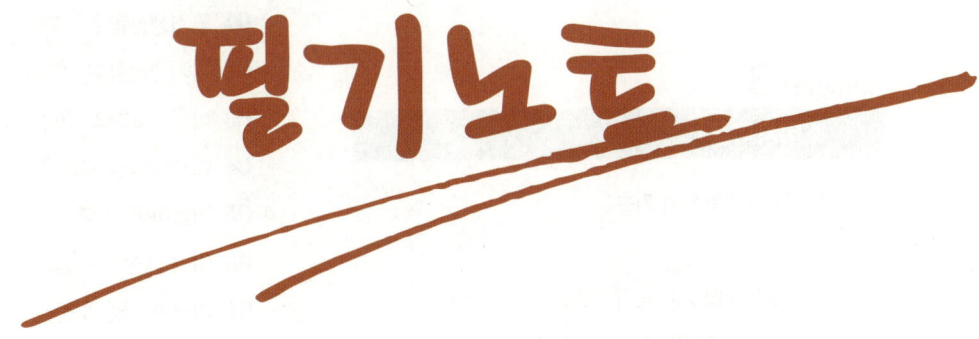
필기노트

Contents

chapter 1
수학적 기초

- 01 미분 /1
- 02 라그랑지안 함수의 이해
- 03 경제학의 주요 기본 개념들

chapter 2
수요와 공급

- 01 수요와 수요함수 /9
- 02 공급과 공급함수 /11
- 03 수요의 탄력성 /12
- 04 공급의 가격탄력성 /15
- 05 시장과 가격, 균형, 안정성 /16
- 06 소비자잉여와 생산자잉여, 순사회편익 /18
- 07 가격규제의 효과 /19
- 08 조세부과의 효과 /20
- 09 보조금 지급의 효과 /24

chapter 3
소비자이론

- 01 선호체계분석의 기초
- 02 효용이론
- 03 선호체계의 기본공리 /26
- 04 일반적인 무차별곡선의 기본공리 /27
- 05 다양한 형태의 무차별곡선의 도해 /30
- 06 예산선 및 예산선의 응용 /37
- 07 일반적인 무차별곡선 가정 시 효용극대화 /40
- 08 다양한 형태의 무차별곡선 가정 시 효용극대화와 수요함수 /41
- 09 소득소비곡선과 엥겔곡선 /51
- 10 가격소비곡선과 보통수요곡선, 보상수요곡선 /52
- 11 보상변화와 대등변화 /58
- 12 현시선호이론 /58
- 13 지수의 이해 /59
- 14 정부보조(1) : 현금보조, 현물보조, 가격보조 /61
- 15 정부보조(2) : GMI, NIT, EITC /62
- 16 조세 : 소득세와 소비세 /63
- 17 리베이트 /64
- 18 피셔의 2기간 자원배분모형 /65
- 19 슬러츠키 방정식 /66
- 20 정보재, 네트워크효과, 내구재와 비내구재 /67
- 21 기대효용이론 /68

chapter 4
생산자이론

- 01 단기생산함수 /70
- 02 장기생산함수 /71
- 03 비용극소화와 관련된 내용들 /73
- 04 대체탄력성 /76
- 05 비용이론 /77
- 06 여러 생산함수 장기비용함수 및 특징 정리 /81
- 07 기타 논점들의 정리

chapter 5
시장이론

- 01 기업의 이윤극대화 /84
- 02 완전경쟁시장의 기본조건 및 특성

MICROECONOMICS

03 장기 균형의 도출
04 완전경쟁시장에서 진입과 이탈
05 장기균형에서 정부 조세 부과의 효과 /89
06 완전경쟁시장에서 생산자 잉여의 실체 /90
07 독점기업의 조건과 발생원인 /90
08 독점시장 유형별 정리 /90
09 독점력의 측정과 독점으로 인한 문제 /96
10 독점력 해소방안 /99
11 독점적 경쟁시장 /101
12 과점(oligopoly)시장의 전제 및 기본 /102
13 수량경쟁 하 2개의 기업을 가정할 때의 과점시장 /102
14 그래프를 통한 과점시장 대표모형의 이해 /104
15 2개의 기업을 가정할 때의 베르뜨랑 모형 /106
16 그 외의 과점시장과 관련된 이론들 /107
17 동시게임 /108
18 순차게임 /110
19 게임이론의 응용 /110

chapter 6
생산요소시장

01 노동시장을 활용한 기업의 이윤극대화 /112
02 노동시장의 균형 /114
03 수요독점 시 정부의 최저임금제와 기업의 선택 /116
04 기업의 주어진 상황에 따른 제약조건의 이해
05 기능별 소득분배이론 /116
06 계층별 소득분배이론

chapter 7
일반균형이론 및 후생경제학

01 파레토 효율 /118
02 후생경제학 제 1정리와 제 2정리 /120
03 일반균형 이론
04 사회후생함수 관련 논의 /122

chapter 8
시장실패와 정보경제학

01 시장실패 /123
02 정부실패 /125
03 공공재와 선호시현의 문제 /125
04 투표를 통한 공공선택이론 /127
05 부정적 외부효과 시 정부 대응방안 /128
06 외부효과에 따른 공유지의 비극 /136
07 정보경제학 관련 용어 정리
08 감추어진 특성과 관련된 정보경제학의 문제 /139
09 감추어진 행동과 관련된 정보경제학의 문제 /141

Chapter 1 수학적 기초

01 미분*

기업들은 이윤을 극대화 / 정부는 효율성 + 형평성 극대화

$\underbrace{Y}_{결과} = A \underbrace{x^\alpha}_{변수}$ → 양수 or 음수 or 분수

※ 예시
: 햄버거 와 콜라 → 햄버거가 하나 늘어날 때 효용이 얼마나 증가하는지?

$\dfrac{dY}{dx}$ (X가 1단위 늘어났을 때 Y값은 얼마나 커지는가?)

$= \alpha A x^{\alpha - 1}$

⟨사례⟩ $Y = \sqrt{x} = x^{1/2}$ "전미분"

$\dfrac{dY}{dx} = \dfrac{1}{2} \cdot x^{-1/2}$ Tip: ⊖ 기호는 ⊕ 로 바꿔주기!!

$= \dfrac{1}{2 \cdot x^{1/2}} = \dfrac{1}{2\sqrt{x}}$

∴ 현재 내가 보유하는 X 개수가 적을 때 X가 증가하면 Y는 많이 증가,
X가 클 때는 늘어나는 폭이 줄어든다. (햄버거 2·3개 먹는데 또 주면 효용 늘어나는 폭 감소)

▶ 속미분, 겉미분
   $y = \sqrt{x^3 + 2x^2}$
   X가 늘어나니까 √ 안의 알맹이 부분 미분
                ×
   전체를 하나로 두고 전체값이 늘어나는 것

$$\frac{dY}{dX} = \frac{d(X^3+2X^2)^{1/2}}{dX^3+2X^2} \cdot \frac{dX^3+2X^2}{dX} = \frac{1}{2}(X^3+2X^2)^{-1/2} \times (3X^2+4X)$$

여기를 A라고 생각하기

▶ 합성미분 (앞에 놔두고 뒤에꺼 미분 + 앞에꺼 미분하고 뒤에꺼 놔두기)

$y = f(x) \times g(x)$

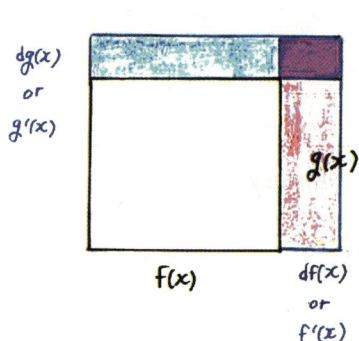

<X가 증가할 때>
$$\frac{dY}{dX} = \left[f(x) \cdot g'(x) + f'(x) \cdot g(x) \right] + f'(x) \cdot g'(x)$$

↓

실제로는 무시할 정도로 작으니까!

ex) $y = \sqrt{X} \cdot (X^2+X)$

$$\frac{dY}{dX} = \sqrt{X} \cdot (2X+1) + \frac{1}{2\sqrt{X}}(X^2+X)$$

▶ 경제학 그래프에서의 미분 적용 (Tip: 그래프 그릴때 절편 잘 찾아주기)

$X^2 + \frac{Y^2}{4} = k$ (타원 형태) → "가로축 변수로 전미분"

ⓔⓧ K가 100일 때

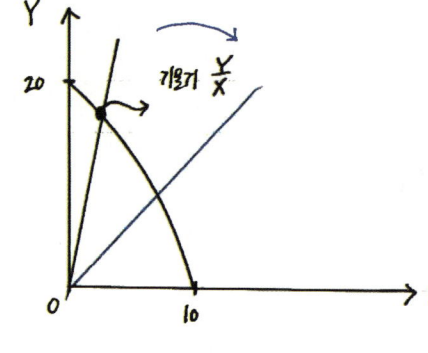

기울기 $\frac{Y}{X}$

<접선의 기울기>

X로 미분 $\begin{cases} X^2 + \frac{Y^2}{4} = k \\ \downarrow \end{cases}$

$$2X + \frac{Y}{2} \cdot \frac{dY}{dX} = 0$$

$$\frac{d \cdot \frac{Y^2}{4}}{dY} \times \frac{dY}{dX}$$

$\dfrac{dY}{dX} = -\dfrac{4X}{Y}$ (접선의 기울기 도출)

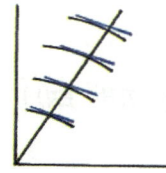   <Tip> 타원의 크기와 관계없이 접선의 기울기는 같다!
   = 동조성을 가진다

▶ 편미분 (콜라 먹을래 햄버거 먹을래? → 콜라 먹을 때 증가하는 효용 VS 햄버거 ")

$U = X^{1/2} \cdot Y^{1/2}$
효용 콜라 햄버거

$\dfrac{dU}{dX} = \dfrac{1}{2} X^{-1/2} \cdot Y^{1/2}$, $\dfrac{dU}{dY} = \dfrac{1}{2} \cdot X^{1/2} \cdot Y^{-1/2}$

(다른게 불변일때 X가 바뀌면
  효용이 얼마나 증가하는가?

" Marginal Utility " : 한계효용

▶ ln 미분

$Y = \ln X = \log_e$

$\dfrac{d\ln X}{dX} = \dfrac{1}{X}$ (양변에 dx 곱해주기)

$d\ln X = \dfrac{dX}{X}$
   X의 변화율 도출

▶ 라그랑지안 (문제를 빨리 풀기 위한 테크닉 → 나중에!)

▶ 경제학의 주요 기본 개념들
  경제학이란? 사회과학의 한 영역, 이론 → 면습
    주로 변수 2개로 그래프 활용 (노동(사람) & 자본(공장, 기계, 토지))
    각주) 토지까지 포함
    미시경제학에서는 노동(L), 자본(K) 기호화
    각주) <실증경제이론> ⓔⓧ 중앙은행 통화량 증가 → 물가 상승 (A이면 B이다)
         <규범경제이론> ⓔⓧ 경제침체 상황에서 돈을 더 찍어야 한다 (당위성)

희소성과 선택, 기회비용, 매몰비용
  ┌ 놀이동산에서 자유이용권 끊을 때 발생하는 금전적 비용 → 회계비용
  └ 놀이동산을 감으로써 알바 포기 → 금전으로 환산하면 기회비용
                                    ‾‾‾‾‾
                              회계적 비용 + 포기한 비용
                                      ↓
                              기업입장에서 돈이 얼마나 들었는지에
                              대해 추제가능

<생산가능곡선 (PPC)> : 가지고 있는 한정된 가용자원으로 X와 Y를 만들 수 있는 조합

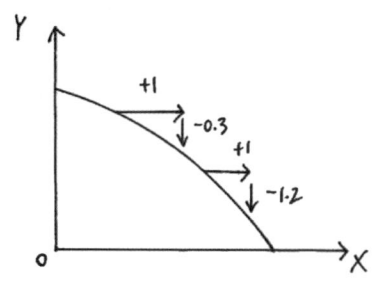

X재 생산 ↑ → 기회비용 체증
              ‾‾‾‾‾‾‾‾‾
  X를 많이 생산할 때는
  그만큼 포기하는 Y가 많아진다!

* 기회비용은 원 단위 뿐만 아니라
  재화의 개수로도 측정 가능!

기회 비용
- 명시적 비용 : 회계적 비용
- 암묵적 비용 : 포기한 것들 중 가장 비용이 높은 것
  (같은 행동을 하더라도 경제 주체마다 달라진다!)

<비매몰비용> 사업을 접으면 더 이상 발생하지 않음.

<매몰비용> → 사업을 접어도 계약에 의해 계속 지급해야 함.

" 합리적인 선택에 매몰비용은 고려되지 않는다,, → 경제학적 선택

ex) 이미 3억 발생 | 앞으로 2억 지출 예정
                   실제로 1.8억 매출 예상 → 손해가 발생하니까 접어야 함.

▶ 합리성과 최적화, 균형

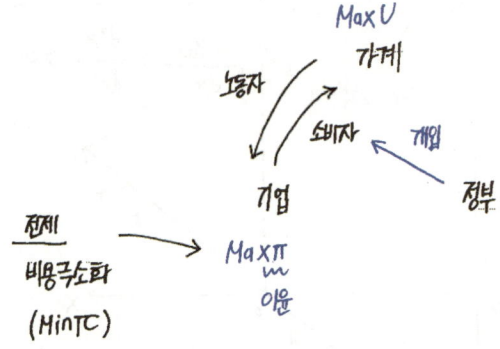

주주) 사람을 지나치게 많이 뽑기 or 기계를 지나치게 많이 설치 → 비합리적 선택
      노동과 자본을 합리적으로 선택해야 함!

※ 최적화를 위해 '미분' 활용

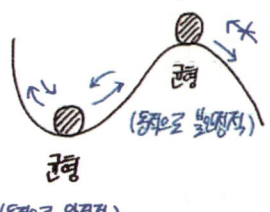

균형
(동적으로 불안정적)
균형
(동적으로 안정적)

<최적화>

(전제) 기업은 이윤을 극대화하기 위해서는 비용을 극소화시켜야 함.

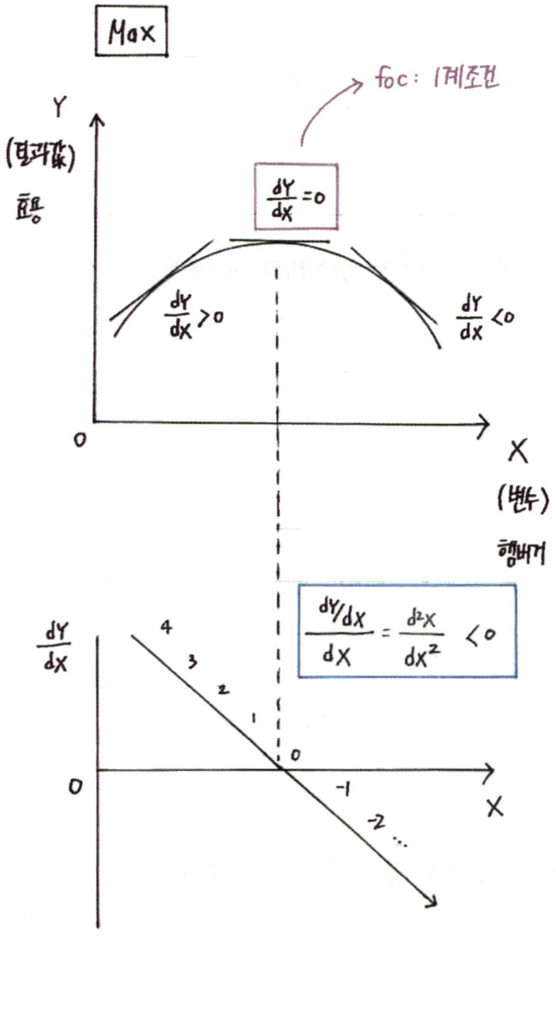

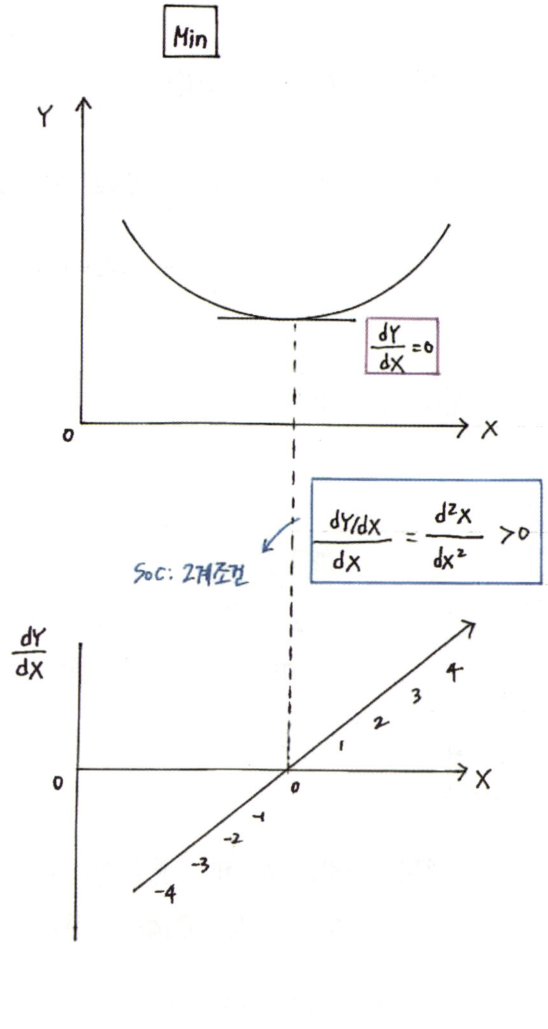

Max
foc: 1계조건
Y
(결과값)
효용
dY/dX =0
dY/dX >0
dY/dX <0
0
X
(변수)
햄버거
dY/dX
dY/dX / dX = d²X/dX² <0
4
3
2
1
0
-1
-2 ...
X

Min
Y
dY/dX =0
0
X
dY/dX / dX = d²X/dX² >0
soc: 2계조건
dY/dX
4
3
2
1
0
-1
-2
-3
-4
X

ex) $TC = X^2 + 100$
$AC = X + \dfrac{100}{X}$ $\Big) \div X$ → AC의 극소값은?

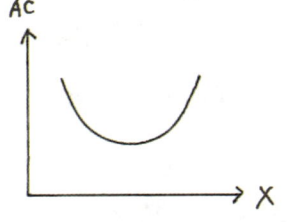

$\text{Min } AC = X + 100 \cdot X^{-1}$

FOC : $\dfrac{dAC}{dX} = 1 - 100 \cdot X^{-2} = 0$

$= 1 - \dfrac{100}{X^2} = 0$

SOC : $\dfrac{d^2AC}{dX^2} = 0 + 200 \cdot \dfrac{1}{X^3} > 0$

<Tip> 극대값 or 극소값을 묻는다면?
① 한번 미분해서 0이 되는 점 찾기
② 한번 더 미분해서 양수인지 음수인지 check!

▶ 경제모형과 변수
  환율 = 1달러의 가격
  원화를 많이 찍어내면 <u>원화가치 하락</u> → 1달러를 구매할 때 돈을 많이 지급
        = 환율이 올랐다

  ┌ 유량 : "   없는 변수 ex) 소비, 투자
  └ 저량 : 지금 당장 얼마인지 답할 수 있는 변수 ex) 외환보유액, 환율, 통화량

▶ 귀납적 방법과 연역적 방법
  ┌ 귀납 : 여러 가지 사례를 통해 일반화
  └ 연역 : 이론을 만들고 사례 끼워맞추기

  * 구성의 오류 (반론)
    ex) 대파 가격 상승 → 대파 재배 ↑, 공급량 ↑ → 대파 매출 ↓
  <농부의 역설> 농부의 소득 ↑ but 대파 가격 폭락으로 인해 사회 전체 소득 감소

※ 절약의 역설
동아시아 국가들은 절약하는 성향 ↑ → but 외환위기 발생 → IMF에 돈을 빌림
→ 중앙은행을 외환을 모으기 시작함 → 개개인 저축으로 인해 부가 증가하는 것처럼 보임.
↑   but 국가 전체적으로 소비 ↓, GDP ↓, 소득 ↓
IMF 환포   ↙   ↘
                                                        소비↓   저축↓

▶ 정태분석과 동태분석

  ┌ 정태분석 : 시간 개념 X, 지금 당장 찾기!
  └ 동태분석 : 시간의 흐름에 따라 어떻게 바뀌는지

▶ 부분균형분석과 일반균형분석
  재화를 해당만 고려   다른 재화시장도 고려 (주로 2개 고려)
                                    ↓
                                국제경제학

Chapter 2 수요와 공급

01 수요와 수요함수

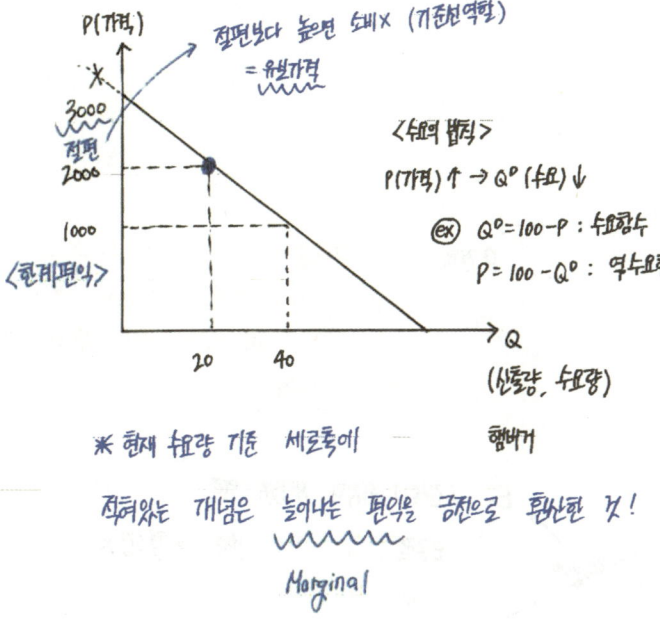

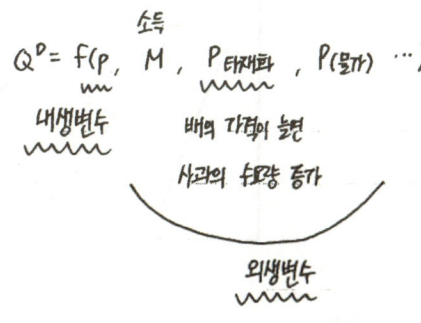

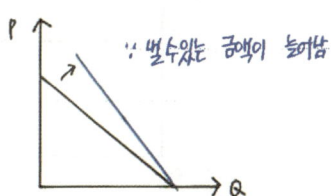

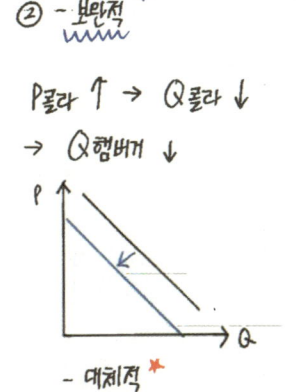

▶ 시장 전체 수요 곡선 (기업의 입장에서 필요)

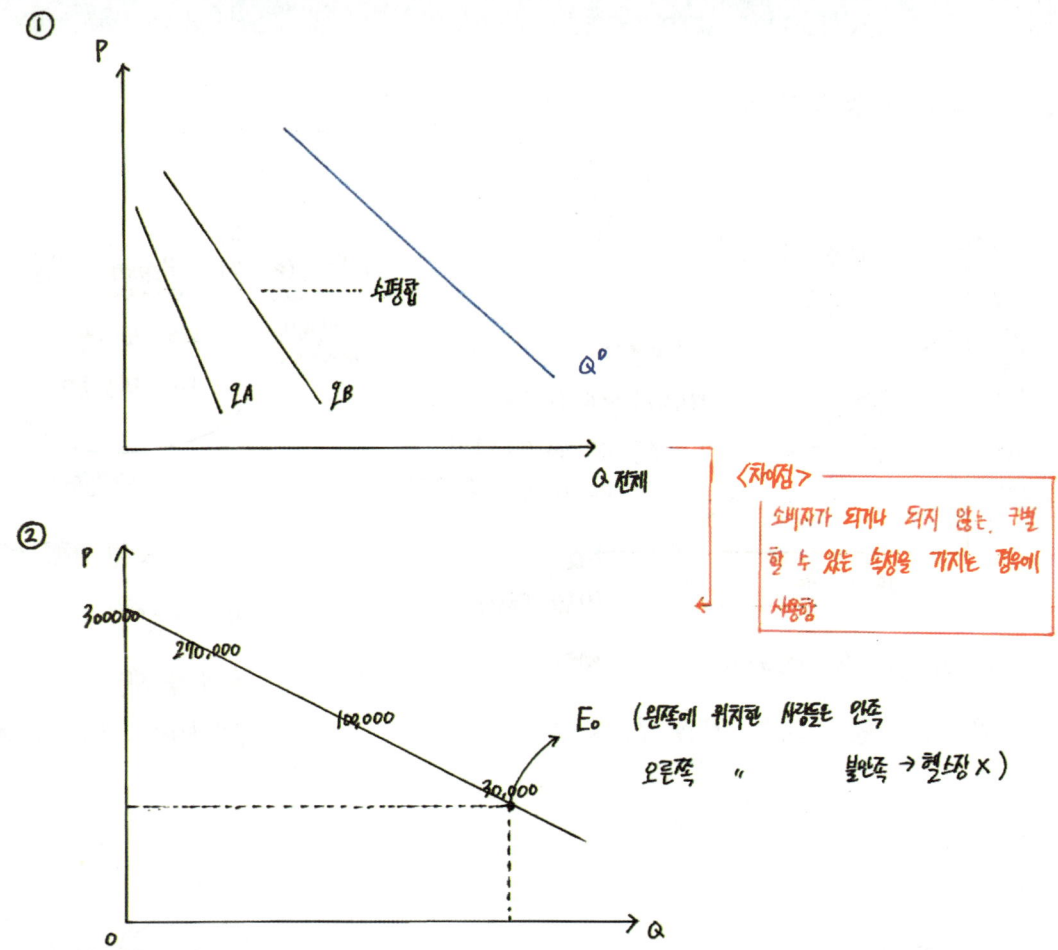

〈차이점〉
소비자가 되거나 되지 않는. 구별할 수 있는 속성을 가지는 경우에 사용함

02 공급과 공급함수

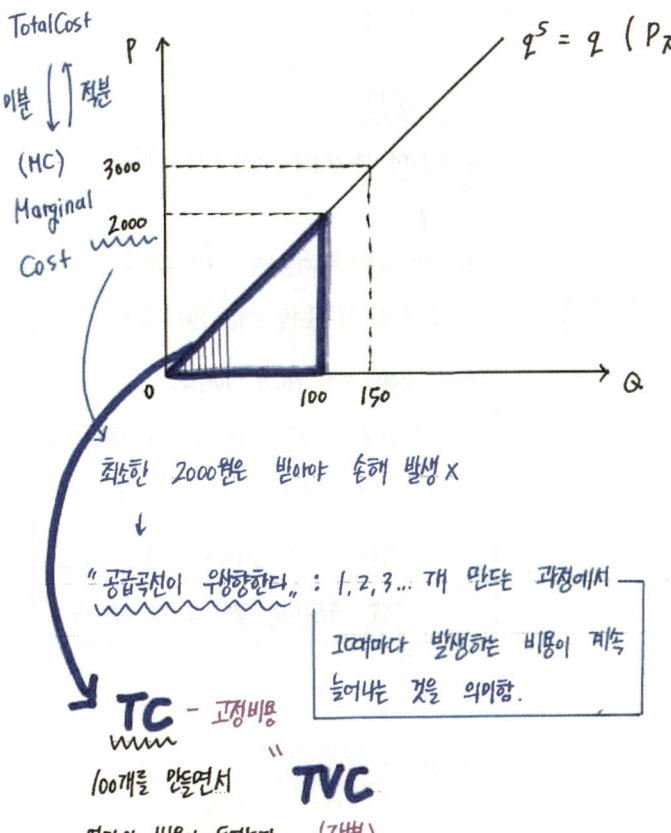

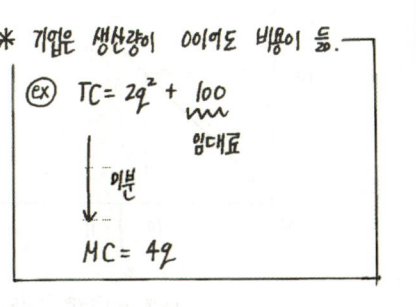

$q^s = q\,(P_{재화가격},\ 인건비\uparrow,\ 임대료\uparrow,\ 조세(종량세: tq))$

※ 기업은 생산량이 0이어도 비용이 듦.
ex) $TC = 2q^2 + 100$
    ↓ 미분   임대료
    $MC = 4q$

최소한 2000원은 받아야 손해 발생 X

"공급곡선이 우상향한다" : 1, 2, 3... 개 만드는 과정에서 그때마다 발생하는 비용이 계속 늘어나는 것을 의미함.

TC - 고정비용
TVC (가변)
100개를 만들면서 얼마의 비용이 들었는가

※ 종량세

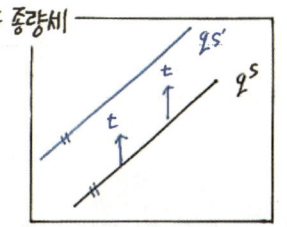

▶ 시장 전체 공급곡선

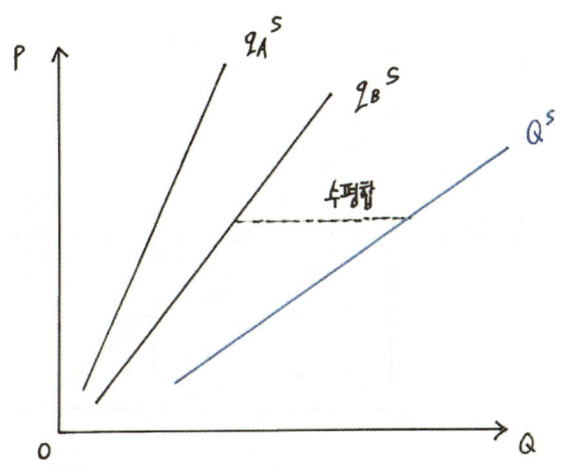

수평합

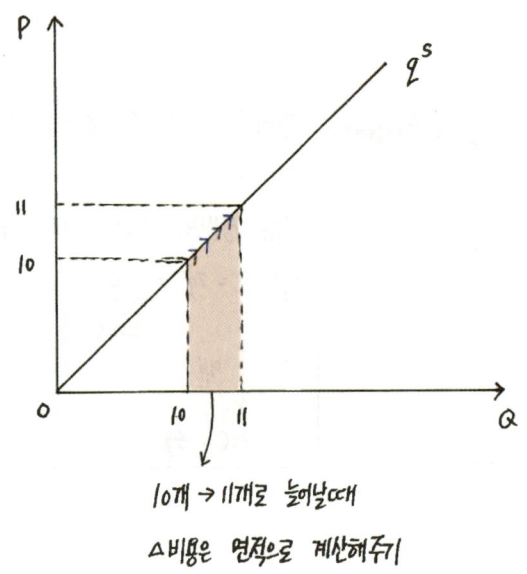

$P = q^s$
$MC = q^s$

"marginal"
Q 늘릴때 뿐 아니라 줄일 때도 적용

Q: 왜 10개에서 늘어날 때는 10이 늘어나고 11개에서 1 줄어들 때는 11이 드는가?

A: "10개일 때 MC가 10이다"
→ 10보다 낮을 때는 10개보다 작게 만듦.
    "   높을   "   많이
재화가 하나 늘어날때 비용이 10으로 계속 유지된다는 것을 의미하는 게 아님.

10개 → 11개로 늘어날때
△비용은 면적으로 계산해주기

03 수요의 탄력성

"A의 B 탄력성": A라는 결과 값이 B가 변화하는 비율에 대해서 얼마나 민감하게 바뀌는가
P재화, M소득, P타재화

〈수요의 탄력성〉

$$\varepsilon_p = \ominus \frac{\frac{dQ^D}{Q^D}}{\frac{dP}{P}} = -\frac{dQ^D}{dP} \times \frac{P}{Q^D}$$

수요곡선기울기의 역수 | 원점에서 뻗는 직선의 기울기

$\frac{P}{Q} = \infty$, $\varepsilon_p = \infty$ "완전탄력적"

$\varepsilon_p > 1$: $P \times Q$: ↓ "탄력적"
↑ ↓↓

$\varepsilon_p = 1$: $P \times Q$ 일정 ★총지출액 "단위탄력적" 중점 $\frac{P}{Q}$

$\varepsilon_p < 1$: $P \times Q$: ↑ "비탄력적"
↑↑ ↓

$\varepsilon_p = 0$, $\frac{P}{Q} = 0$ "완전비탄력적"

$$\varepsilon_M = \oplus \frac{\frac{dQ_D}{Q_D}}{\frac{dM}{M}}$$

수요의 소득 탄력성

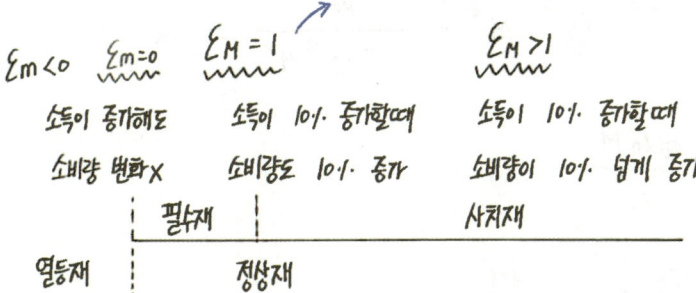

필재도 사치재도 아닌 정상재

$\varepsilon_M < 0$ $\varepsilon_M = 0$ $\varepsilon_M = 1$ $\varepsilon_M > 1$

소득이 증가해도   소득이 10% 증가할때   소득이 10% 증가할때
소비량 변화X   소비량도 10% 증가   소비량이 10% 넘게 증가

          ┊ 필재 ┊   사치재
열등재 ┊   정상재

본재화 : X   타재화 : Y

$$\varepsilon_C = \oplus \frac{\frac{dX}{X}}{\frac{dP_Y}{P_Y}}$$

교차탄력성   ↑ ↓ 대체 보완   ↑ → Y↓

- $\varepsilon_C > 0$: 대체관계
- $\varepsilon_C = 0$: 독립관계
- $\varepsilon_C < 0$: 보완관계

▶ 교차탄력성에 대한 이해

$$X^D = P_x^\alpha \, P_y^\beta \, M^\sigma$$

$$\varepsilon_P = -\frac{dX}{dP_x} \cdot \frac{P_x}{X} = -\alpha \cdot P_x^{\alpha-1} \cdot P_y^\beta \cdot M^\sigma \cdot \frac{P_x}{P_x^\alpha P_y^\beta M^\sigma} = -\alpha$$

$$\frac{d \ln X^D}{dt} = \frac{\alpha \, d\ln P_x}{dt} + \frac{\beta \, d\ln P_y}{dt} + \frac{\sigma \, d\ln M}{dt} \quad (\times dt)$$

$$\frac{dX^D}{X^D} = \alpha \cdot \frac{dP_x}{P_x} + \beta \cdot \frac{dP_y}{P_y} + \sigma \cdot \frac{dM}{M}$$

$$\varepsilon_P = -\frac{\frac{dX}{X}}{\frac{dP_x}{P_x}} = -\alpha$$

$$\varepsilon_M = \frac{\frac{dX}{X}}{\frac{dM}{M}} = \sigma$$

$$\varepsilon_C = \frac{\frac{dX}{X}}{\frac{dP_y}{P_y}} = \beta$$

(ex) $X = \dfrac{\alpha M}{P_x}$

$\quad\quad = \alpha \cdot M \cdot P_x^{-1}$

04 공급의 가격탄력성

"공급의 탄력성" $P\uparrow \xrightarrow{민감도} Q^S\uparrow$

$$\eta = \oplus \frac{\frac{dQ^S}{Q^S}}{\frac{dP}{P}} = \underbrace{\frac{dQ^S}{dP}}_{기울기의\ 역수} \times \underbrace{\frac{P}{Q^S}}_{실제데이터}$$

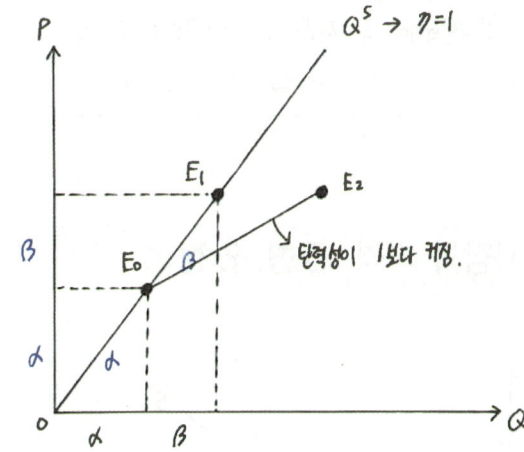

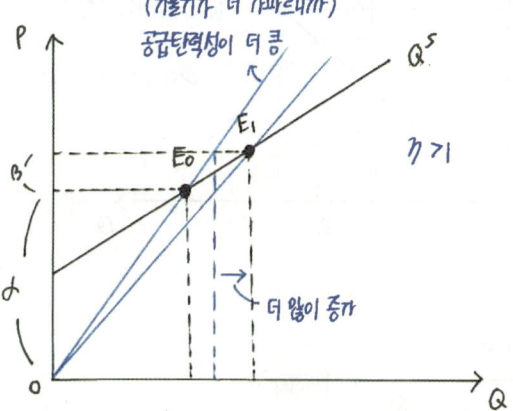

기억해두기

그래프가 원점 / 가로축 / 세로축에서 출발하는지에 따라서 실제 데이터는 다양해진다!
↓
※ 기준은 원점에서 출발하는 직선 ※

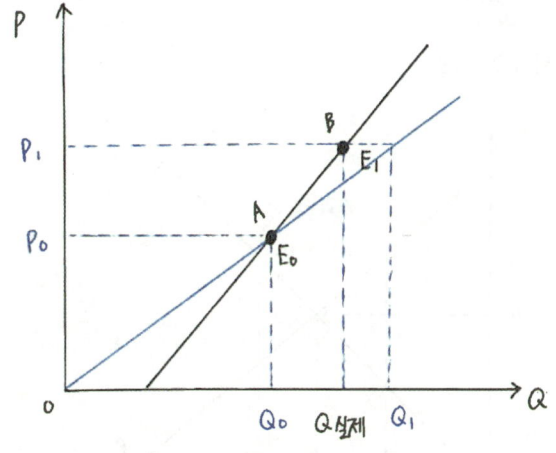

∴ A보다 B의 공급탄력성이 더 큼.

> 참고
>
> 가격탄력성이 큰 재화 → 수요곡선이 완만함
>   " 작은 " →   " 가파름

05   시장과 가격, 균형, 안정성

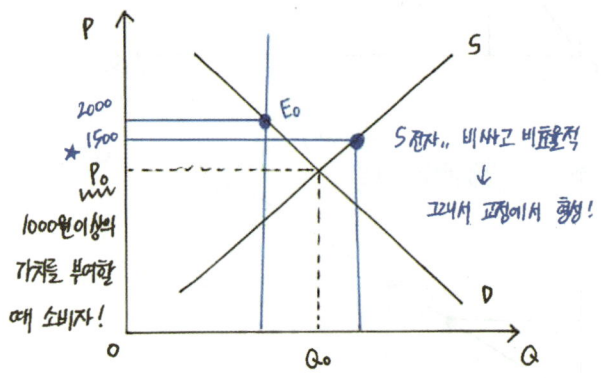

* 높은 편익을 얻지하는 사람부터 소비
    ↓
시장에 맡기면 가격이 형성됨. (상품의 배급기능)

* 기업) 낮은 비용으로 제품을 생산하는 기업들부터 물건을 만들어 나감.
(생산자원의 배분기능)

<Remind>

" 불안정적 "

동적으로 안정적 균형

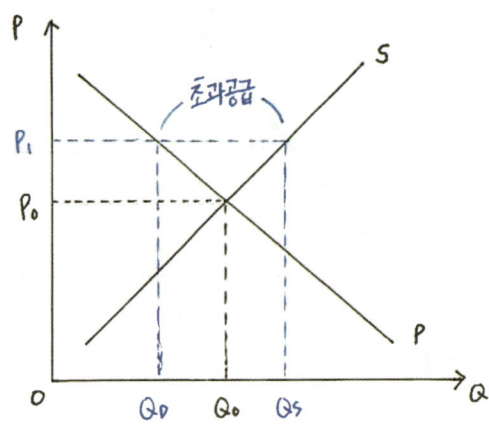

* 초과공급 발생 → 가격 하락

왈라스적 조정과정
: (가격)이라는 변수가 오를때
초과수요/공급에 의해서
균형이 원래대로 돌아옴.

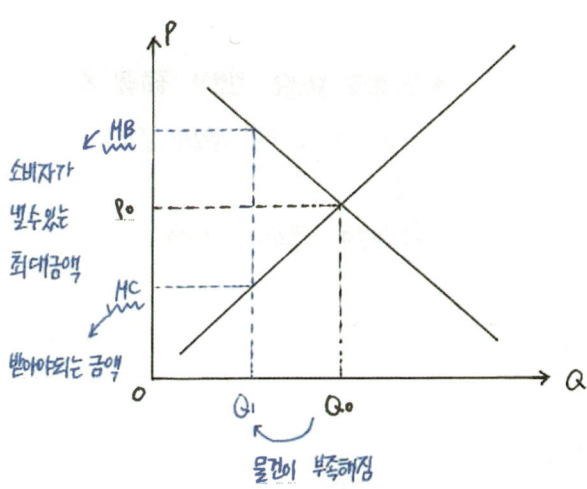

* 마샬적 조정과정
: 수량이 변할 때 소비자의 지불 금액이 변함.

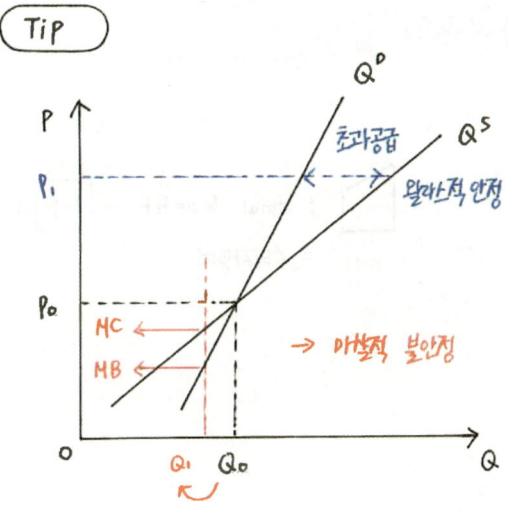

- 왈라스: "가격이 오르면 되돌아올거야"

- 마샬: "동태적으로는 균형이지만 불안정적"

▶ 동적 안정성과 거미집 모형

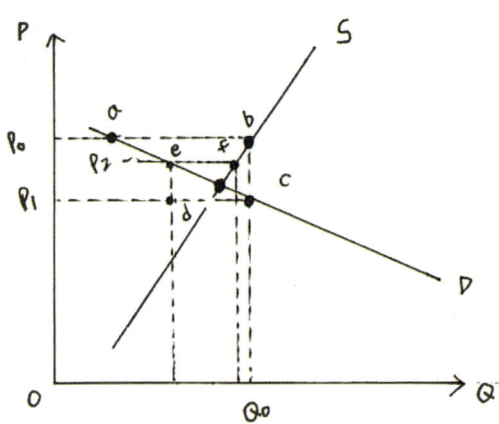

※ 일반적으로 농산품은 완만한 공급곡선 X
(가격이 오른다고 바로 생산량 증가 X)
↓
수요곡선보다 공급곡선이 가파름

06 소비자잉여와 생산자잉여, 순사회편익

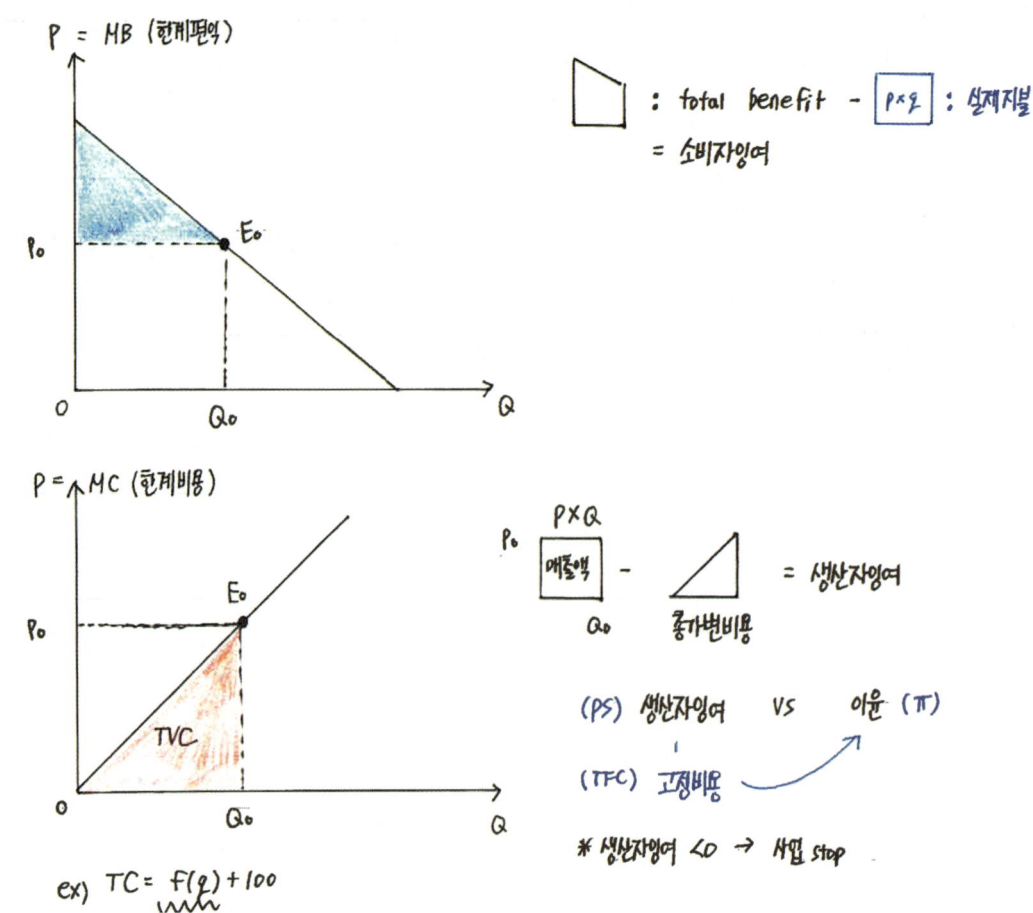

▱ : total benefit − $P \times Q$: 실제지불
= 소비자잉여

$P \times Q$ 매출액 − △ 총가변비용 = 생산자잉여

(PS) 생산자잉여   vs   이윤 (π)
                              │
(TFC) 고정비용 ─┘

※ 생산자잉여 < 0 → 사업 stop

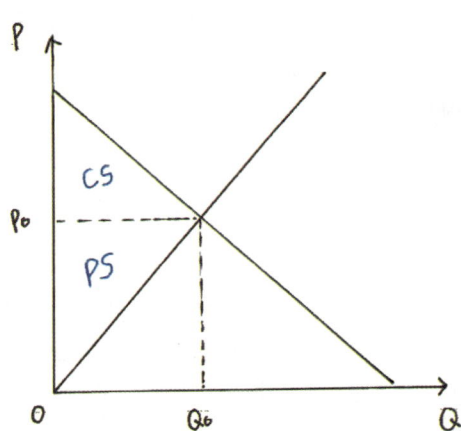

$$SW = CS + PS + 정부의 \ 주머니 \ 사정$$

- 보조금 ⊖
- 조세 ⊕

07 가격규제의 효과

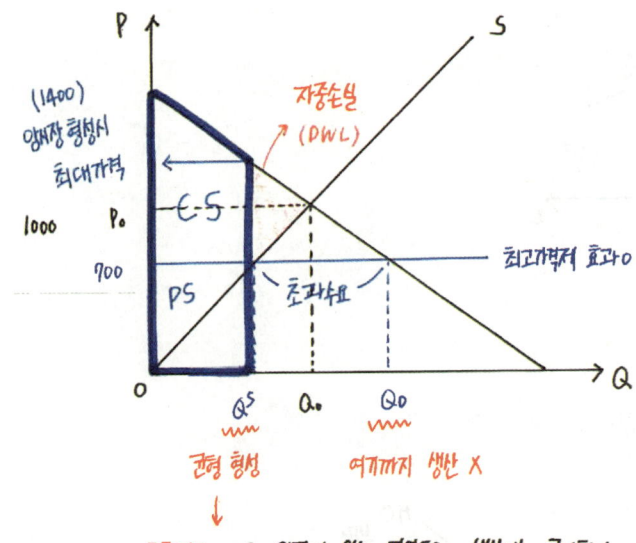

〈최고가격제〉: 1000 보다 낮은 한도를 설정해야 효과가 있음.

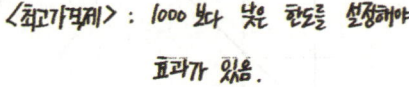

[문제] Q^S 왼쪽에 있는 기업들은 생산에 참여하여 배분의 효율성 달성 but 소비자들은 지불할 수 있는 금액이 높음.

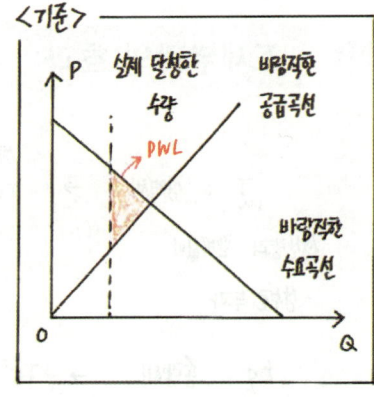

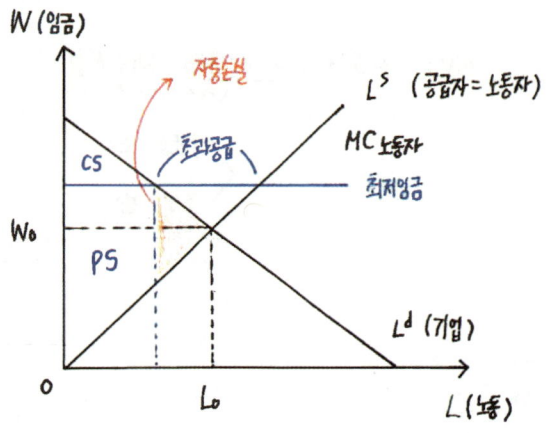

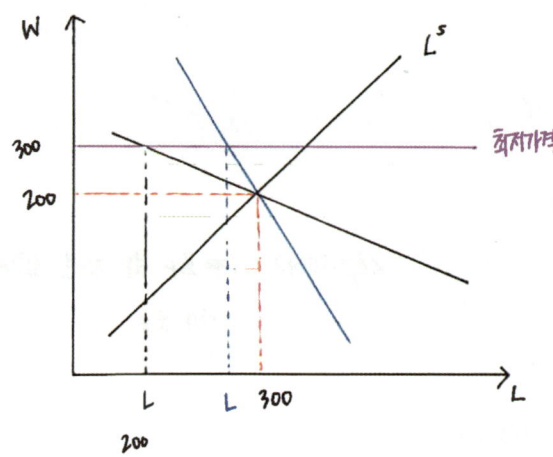

08 조세부과의 효과

T : 정액세 → 세후 원래 $TC' = TC + T$: MC 불변

생산량과 관계없이
상수로 부과

tq : 종량세 → $TC' = TC + tq$: MC' ↑t MC

$t\pi$: 이윤세 → 의미 X

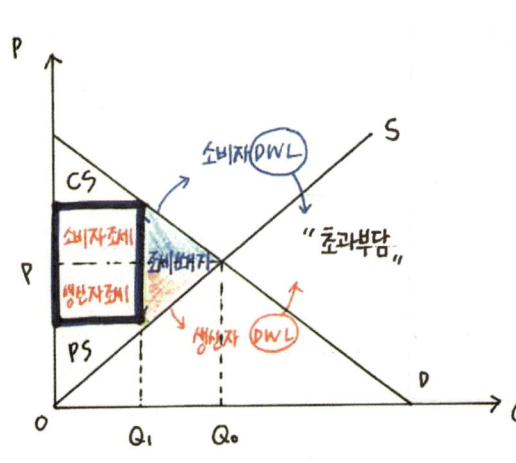

$$P_d - t = P_s$$

소비자가 실제로 지불한 금액   생산자가 실제로 수취하는 금액

* $SW = CS + PS +$ 정부조세수입

참고

* 법적귀착자가 기업일 때

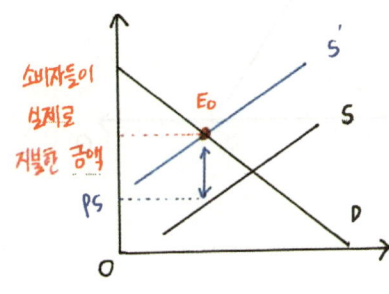

* 법적 귀착자가 소비자일 때

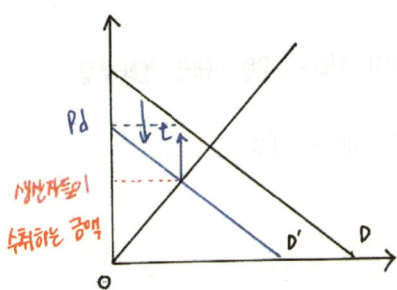

─ <경제학적 함의> ─
조세를 누구에게 부담시켰는지와 상관없이 소비자들이 지급하는 가격이 얼마나 증가하는지와 생산자가 수취하는 가격이 얼마나 떨어지는지는 이미 정해져 있다.
↓
법적 귀착자와 경제적 귀착 논의는 별개이다.

사례

$P_D = 100 - Q_D$
$P_S = 20 + Q_S$

※ 정자는 구별 필요 X
↓
일반적으로

<종량세 tQ 부과>

$P_d - t = P_s$, $P_d = t + P_s$

① $P_D = 100 - Q$ $t + P_S = 100 - Q$
   $P_D - t = 20 + Q$ $P_S = 20 + Q$

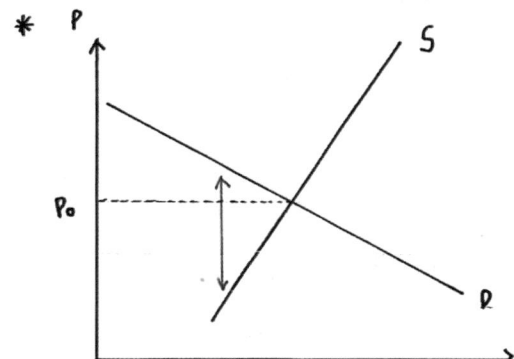

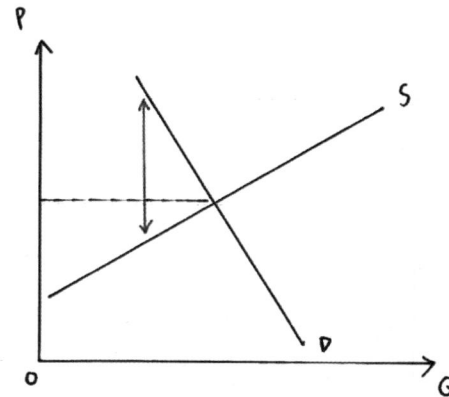

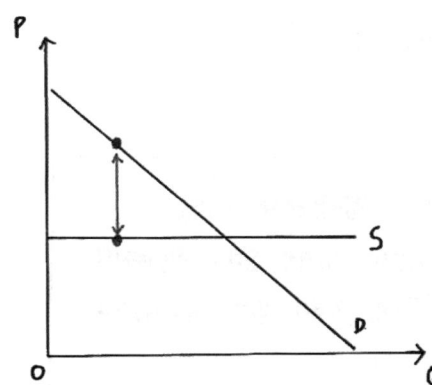

▶ 탄력성이 크다 → 가격 변화로 인한 수요량 변화가 큼

→ 가격 자체가 크게 변하지 않음.

→ 부담이 적다

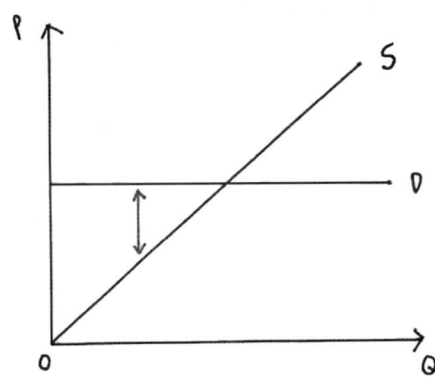

소비자 부담 X, 원래 가격 유지
생산자들은 t만큼 가격을 낮게 받음.

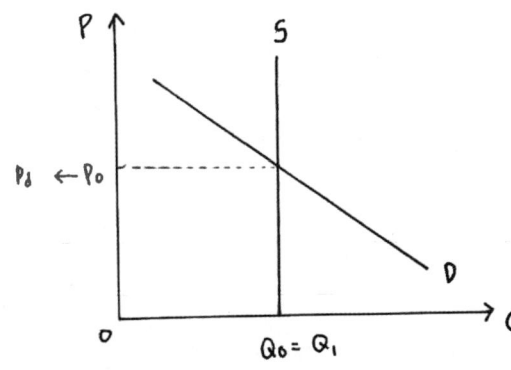

▶ 종가세

① $P_D(1-t) = P_S$

② $P_S(1+t) = P_D$: 부가가치세

㊙ $P_D = 100 - Q$
$P_S = 20 + Q$ → ① $P_d(1-t) = 20+Q$

② $\dfrac{P_S}{1-t} = 100 - Q$

생산자들이 세류에 수취하는 가격을 바로 알고 싶을 때 사용

※ 종가세를 부과할 때 생산자 입장에서 받는 금액을 위쪽으로 끌어올릴 때 공급곡선은 평행하게 이동하지 못하고 기울기가 변하면서 이동한다.

09 보조금 지급의 효과

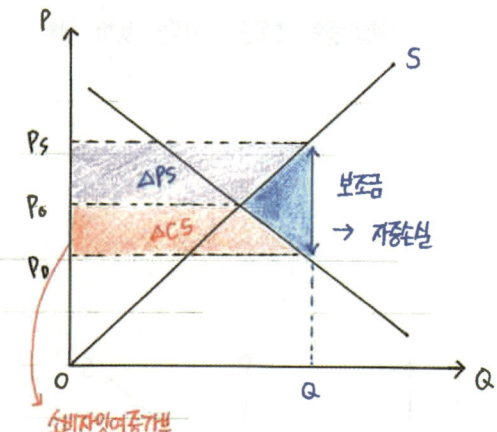

Chapter 3 소비자이론

1. 예산선
2. 효용의 기준
3. 그림놀이

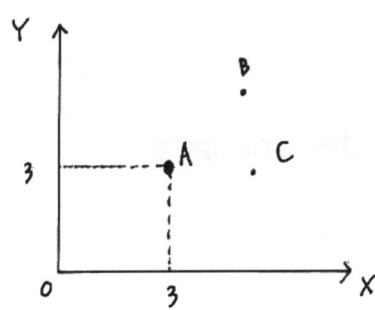

$U = X \cdot Y$

$2 \cdot 2 = 4$
$4 \cdot 4 = 16$ ⟶ 4배 더 선호한다. (X)
⟨서적 함수⟩

$U = (X \cdot Y)^2$

∵ 사람마다 효용함수가 다르기 때문에 더 좋아졌는지 정도만 고려함.

(ex) $U = X^{0.5} Y^{0.5}$
log { $U = X \cdot Y$ }   몇배 더 좋아졌다는게 의미가 없기 때문에 같은 효용함수!

$U = 0.5 \log X + 0.5 \log Y$

ex) $U = X \cdot Y^{10}$

$\dfrac{dU}{dX} = Y^{10}$

03 선호체계의 기본공리

① 완비성 : "완전 비교 가능" → 자신의 효용함수를 대입했을 때 더 높은 수치가 나오는 쪽을 선택
② 이행성 : A<B, A>C 이면 B는 당연히 C보다 더 선호됨.
③ 연속성
④ 강단조성 : "다다익선"
⑤ 볼록성

〈사전편찬법적 선호〉
2재화가 있을 때 X의 개수가 많은 것 > X의 개수가 같으면 Y가 많은 것
(X, Y)
10, 10
10, 15
10, 1000
11, 1

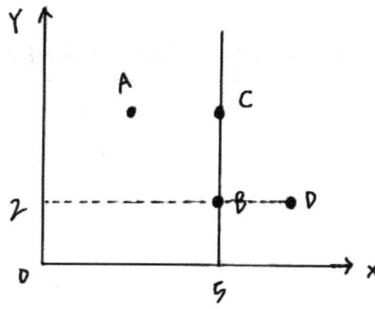

• ABC 중 C를 가장 선호 but 연속성의 공리를 위배함.
  이행성은 만족함.

04. 일반적인 무차별곡선의 기본공리

ex) $U = X^{0.5} Y^{0.5}$ → $2 = X^{0.5} Y^{0.5}$
$4 = X \cdot Y$
$Y = \frac{4}{X}$

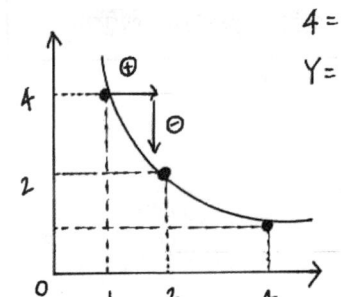

→ 각 점에서의 효용수준은 모두 2로 같음.

* "일반적인" 무차별곡선은 볼록성이 전제되어 있음.
  → 효용함수에 따라 다르게 그려질 수 있다!

* "재화" - 쓰면 쓸수록 효용이 증가함.
  "비재화" - " " 떨어짐.

* ④ 두 무차별곡선은 서로 교차할 수 없다.

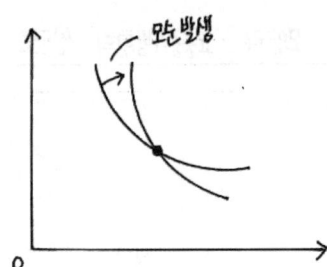

모순 발생

*
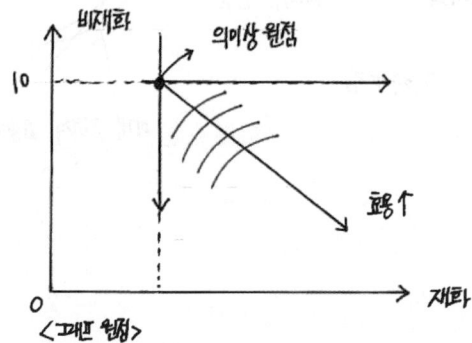

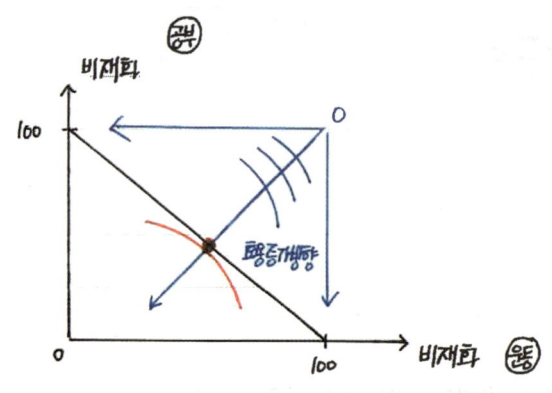

<Tip>
문제에서 구체적인 함수를 주지 않는 경우 의미상의 원점을 찾음으로써 해결하기!

ⓔⓧ $U = X^{0.5} Y^{0.5}$

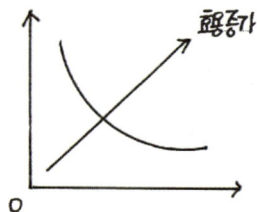

X, Y가 증가하면 효용도 증가 → 효용증가방향 ↗

ⓔⓧ $U = -X^{0.5} Y^{0.5}$ (음수가 되어도 상관 X, 효용함수에서는 순서가 중요함)

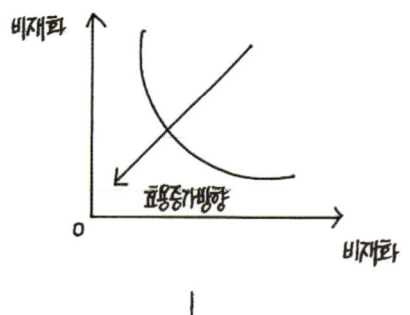

<Tip>
IC의 모양과 효용증가방향의 판단은 별개이다

↓

이때에는 예산선에 접하는 모양으로 효용극대화 점을 찾아서는 안됨.
↳ 구체적인 숫자를 대입시켜서 효용을 비교해야 함!

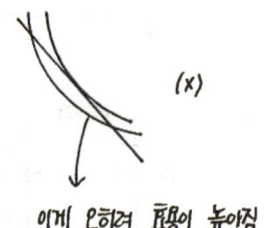

(X)

↓ 이게 오히려 효용이 높아짐.

* 각주 참고

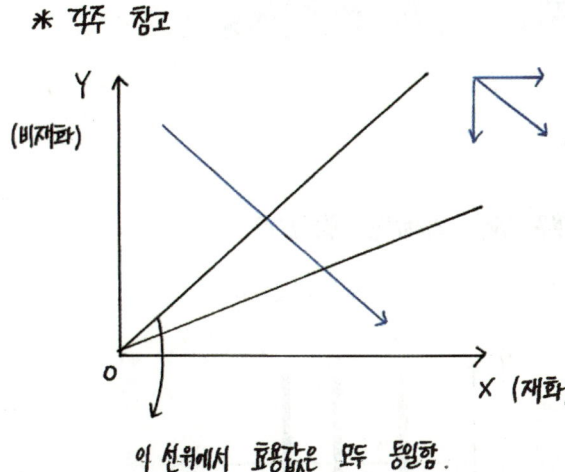

이 선위에서 효용값은 모두 동일함.

$U = \sqrt{\dfrac{X}{Y}}$

$1 = \sqrt{\dfrac{X}{Y}} \rightarrow 1 = \dfrac{X}{Y} \rightarrow Y = X$

$2 = \sqrt{\dfrac{X}{Y}} \rightarrow 4 = \dfrac{X}{Y} \rightarrow Y = \dfrac{1}{4}X$

∴ 원점에서 뻗은 직선이 무차별곡선이 됨.

ex) $U = \sqrt{\dfrac{Y}{X}}$

05 다양한 형태의 무차별곡선의 도해

"중립재" : 개인의 효용에 영향을 미치지 않는 재화

" X재가 중립재다" → U = Y (효용은 Y에 의해서만 결정된다)
" Y재가 중립재다" → U = X

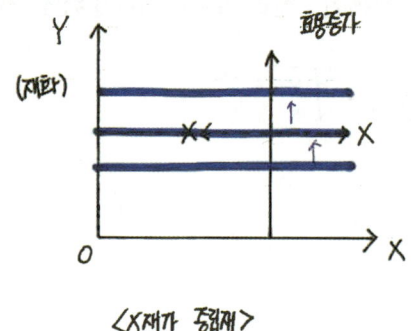

⟨X재가 중립재⟩

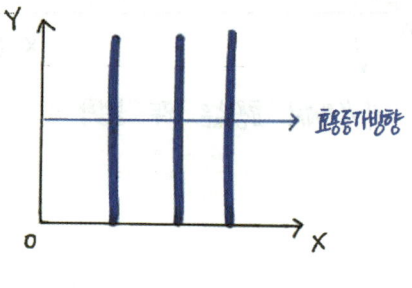

⟨Y재가 중립재⟩

ex) "현옷" - 많거나 적어도 효용 차이 X → 무차별곡선이 수직 혹은 수평

  "독립재" 와 헷갈리지 말기
- X의 가격이 바뀌었을 때 Y재화의 수요량이 바뀌지 않는 재화

"포만점 존재" X (음식) ↗ U ↘

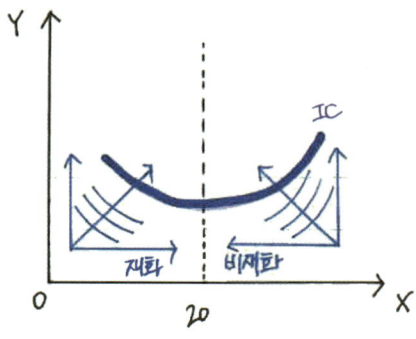

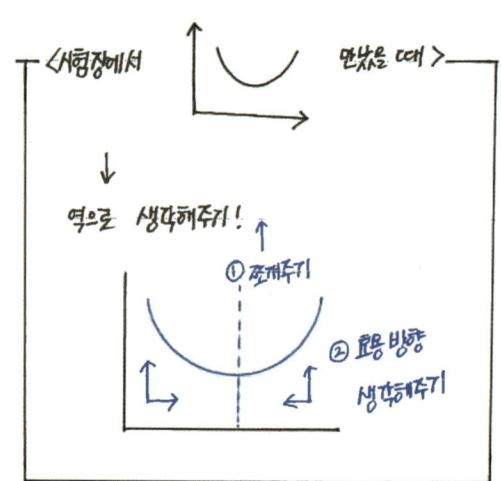

⟨시험장에서 만났을 때⟩

↓

역으로 생각해주기!

① 존재주기
② 효용 방향 생각해주기

* Quiz (응용!)

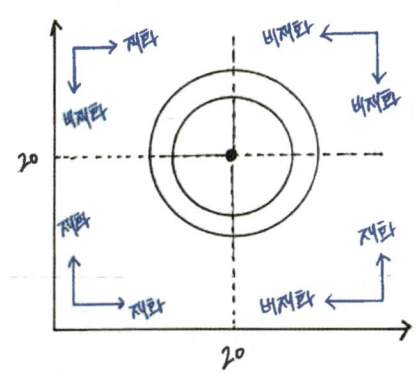

$-[X^2+Y^2] = U$ 〈 양수 : 원이 커질수록 좋음
음수 : " 작을수록 "

↓

$-[(X-20)^2 + (Y-20)^2] = U$

(20, 20)이 최적의 상태

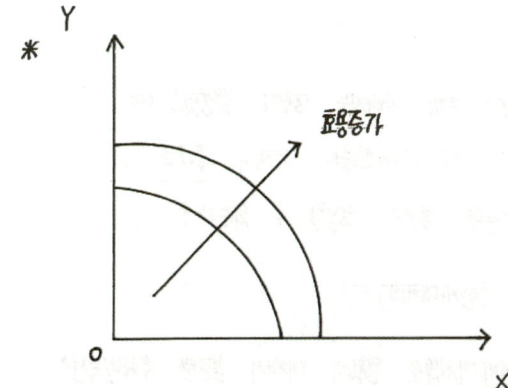

$U = X^2 + Y^2$

(주의) 그래프의 모양이 효용의 증가방향을 결정하지 않는다!

* P·Q 평면에서는 1재화만 고려함.
 X·Y 평면에서는 2재화를 고려 + 가격의 역할을 하는 예산선
 ↳ 무차별곡선의 정의?
   일반적인 형태와 성격? + 독특한 형태

* 시험 출제 포인트 ① 함수(수식)로 출제 → 구체적으로 상황 출제

콥-더글라스형 효용함수

$$U = X^\alpha Y^\beta \qquad \text{ex)} \begin{array}{l} U = XY \\ U = X^{0.5} Y^{0.5} \\ U = X^{100} Y^{100} \end{array} \Big) \text{ 차이 X}$$

〈시험에 자주 출제되는 형태〉

$$U = X^\alpha \cdot Y^{1-\alpha} \qquad \text{ex)} \begin{array}{l} U = X^{0.5} Y^{0.5} \\ U = X^{0.3} Y^{0.7} \end{array}$$

★ 한계대체율 (MRS)

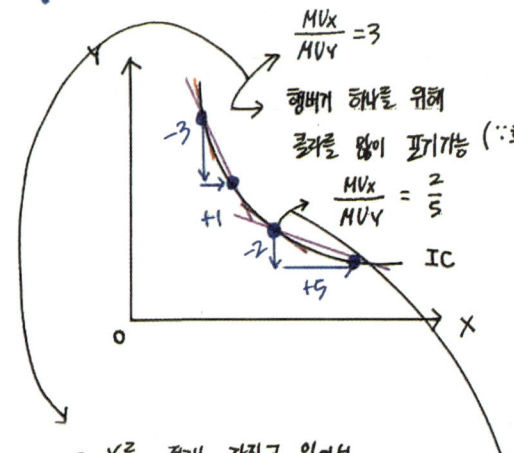

ex) Y가 3개 사라지는 상황이 발생했을 때 본인에게 얼마만큼의 X재의 증가로 동일한 효용을 달성할 수 있는가?

⊖ (한계대체율) = 3

* 한계대체율은 원점에 대해서 볼록한 무차별곡선을 전제했을 때 모든 점에서 다름.
↓
한계대체율은 사실상 그 점에서의 "접선의 기울기"

* 한계대체율은 오른쪽으로 갈수록 점점 줄어듬.
~~~~~~~~~~~~~~~~~~~~~~
↓
원점에 대해 볼록할 때) 한계대체율은 체감의 법칙
~~~~~~
↓
본인이 가지고 있는 재화의 개수가 커지면 아쉬움도 작아짐.

설명) X를 적게 가지고 있어서 X가 줄거나 늘어날때 본인의 효용이 움직이는 정도가 큼.
Y는 많이 " "
" " 작음.

설명) Y도 많이 줄어들어서 MU_Y가 증가 반면 X는 예전만큼 희소성이 크지 않음.

암기
$$MRS_{XY} = -\frac{dY}{dX}\Big|_{IC} = \frac{MU_X}{MU_Y}$$

※ 콥-더글라스형 효용함수는 원점에 대해서 볼록함.
  → 한계대체율이 체감하는 성격을 가진다!
    (많이 보유하는 재화에 대해 부여하는 가치는 작고, 적게 보유하는 재화에 부여하는 가치는 크다)

※ 한계효용 체감 ≠ 한계대체율 체감의 필요충분조건

※ $MRS_{XY} = -\dfrac{dY}{dX}\Big|_{IC}^{①} = \dfrac{MU_X}{MU_Y}^{②}$

① $\underset{\text{상수}}{U} = X^{\alpha} \cdot Y^{1-\alpha}$　(X로 전미분)

↓

$0 = \alpha \cdot X^{\alpha-1} \cdot Y^{1-\alpha} + X^{\alpha} \cdot (1-\alpha) \cdot Y^{-\alpha} \cdot \dfrac{dY}{dX}$

$-\dfrac{dY}{dX} = \dfrac{\alpha \cdot X^{\alpha-1} Y^{1-\alpha}}{(1-\alpha) \cdot X^{\alpha} \cdot Y^{-\alpha}} = \dfrac{\alpha}{1-\alpha} \cdot \dfrac{Y}{X}$

② $\dfrac{MU_X}{MU_Y} = \dfrac{\alpha \cdot X^{\alpha-1} \cdot Y^{1-\alpha}}{(1-\alpha) \cdot X^{\alpha} \cdot Y^{-\alpha}}$

　$\underset{\dfrac{\partial U}{\partial Y}}{''}$

※ $MRS = \dfrac{\alpha}{1-\alpha} \cdot \dfrac{Y}{X}$

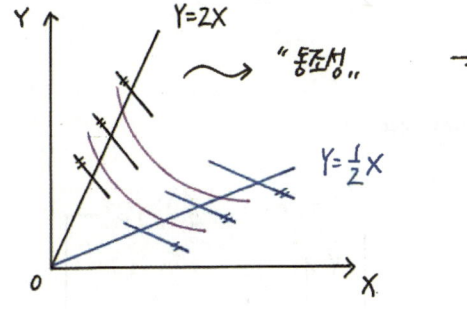

"동조성" → $U = X^{\alpha} \cdot Y^{1-\alpha}$　[동조함수]

▶ 동차함수

ⓔⓧ $U = X^{0.5} Y^{0.5} + X^2$ (동차함수가 아님)

$U = X^{0.5} Y^{0.5} + X + Y$ (동차함수)
$U = X^{0.5} Y^{0.5} + X + Y + X^{0.3} \cdot Y^{0.7}$ (동차함수)

✱ ⓔⓧ $U = 2X^{0.5} \cdot Y^{0.5}$

$MRS_{XY} = \dfrac{MU_X}{MU_Y} = \dfrac{0.5 \cdot 2 \cdot X^{-0.5} \cdot Y^{0.5}}{0.5 \cdot 2 \cdot X^{0.5} \cdot Y^{-0.5}} = \dfrac{Y}{X}$

▶ 레온티에프형 효용함수

$U = \min(\overset{=K}{X}, \overset{=K}{Y})$　ⓧ=Ⓨ : 기준점

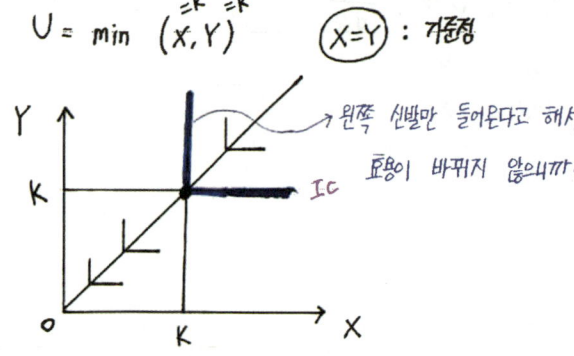

→ 왼쪽 신발만 들어온다고 해서 효용이 바뀌지 않으니까!

ⓔⓧ $U = \min(X, \dfrac{Y}{2})$

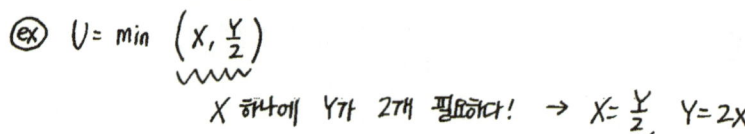

X 하나에 Y가 2개 필요하다! → $X = \dfrac{Y}{2}$, $Y = 2X$

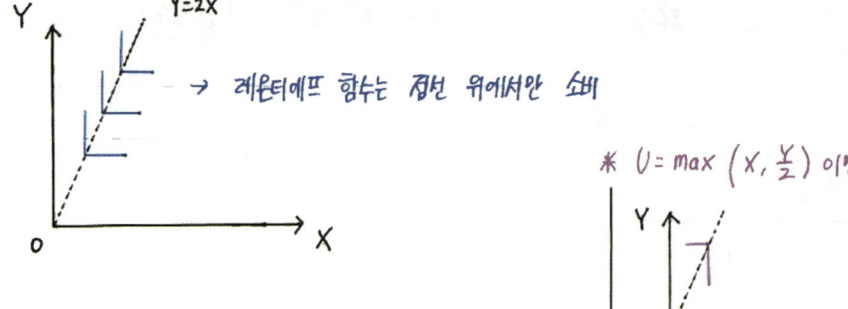

→ 레온티에프 함수는 점선 위에서만 소비

✱ $U = \max(X, \dfrac{Y}{2})$ 이면?

▶ 선형 효용함수

$$U = \alpha X + \beta Y$$
↓

$$Y = -\frac{\alpha}{\beta} X$$

※ $MRS_{XY} = \frac{\alpha}{\beta}$
   └ 율 자체를 간주하기 때문에
   음을 붙이지 않는다.

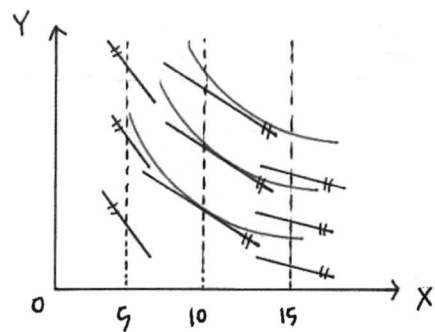

▶ 준선형 효용함수 (빈출) → "접선의 기울기" 함수가 필요함.

$$U = \ln X + Y$$

$$MRS_{XY} = \frac{MU_X}{MU_Y} = \frac{\frac{1}{X}}{1} = \frac{1}{X}$$

▶ 레온티에프 효용함수를 활용하여 응용한 효용함수들

$U = \min(X+2Y, 2X+Y)$

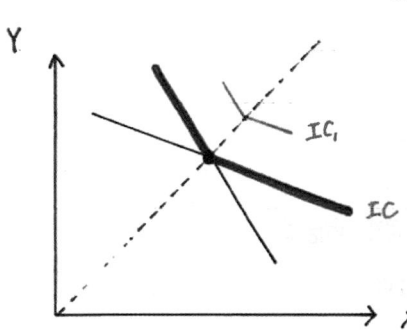

$X+2Y = 2X+Y$
$\downarrow$
$Y = X$

$X+2Y = K \to$ 기울기 $-1/2$
$2X+Y = K \to$ 기울기 -2

$U = \min(X^2, Y)$

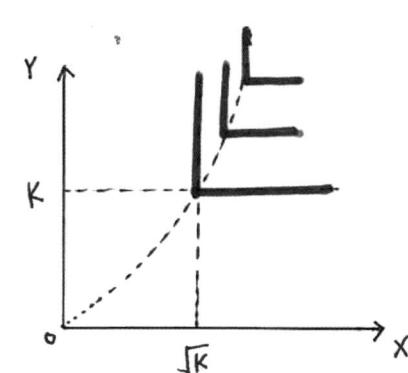

$X^2 = Y$
$X^2 = K$
$Y^2 = K$

$U = \min(\sqrt{X}, Y)$

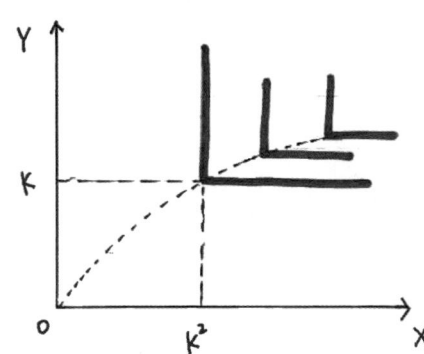

$\sqrt{X} = Y$
$\sqrt{X} = K$
$Y = K$

(EX) $U = \min(X+2Y, 3Y)$

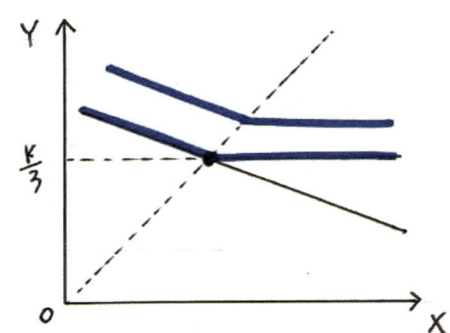

$X+2Y = 3Y$
$X = Y$

06 예산선 및 예산선의 응용

$M(\text{소득}) \gtreqless P_x X + P_y Y$

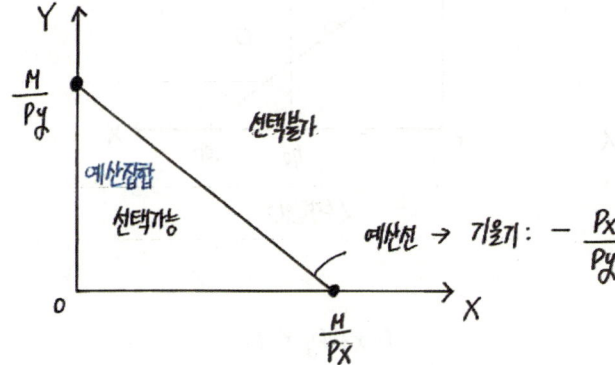

Case $M \uparrow$

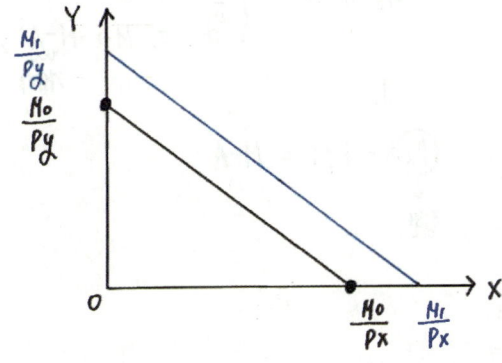

Case $P_x \downarrow$ $P_x^0 \rightarrow P_x^1$

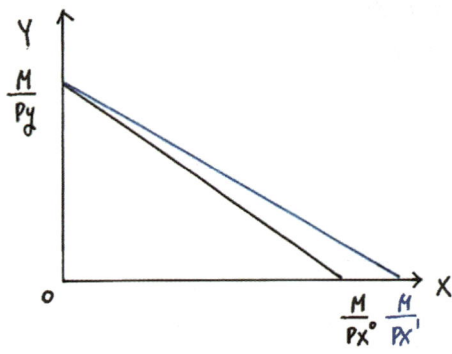

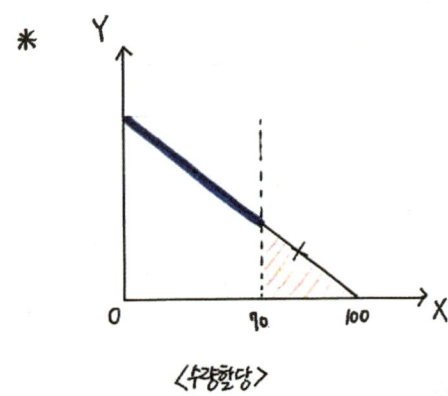

〈수량할당〉

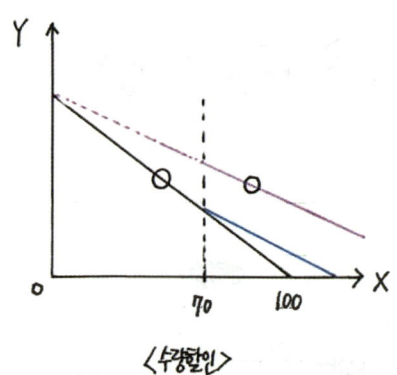

〈수량할인〉

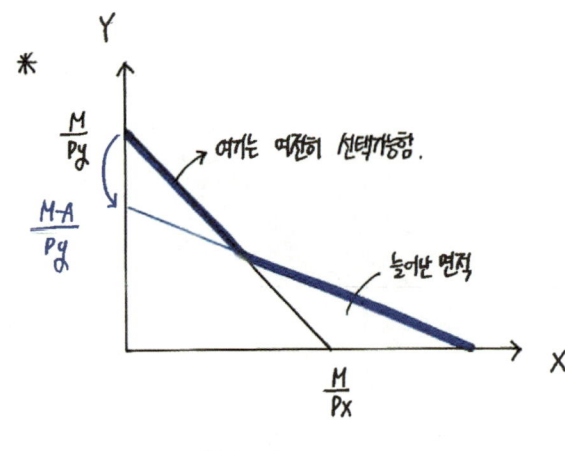

〈이부가격제〉

$P_x X + P_y \cdot Y = M$

ex) 3만원의 가입비를 내면 기울기를 완만하게 바꿀 수 있음. $\left(\dfrac{P_x}{P_y} \rightarrow \text{줄어듦} \quad \text{단,} \ M \rightarrow M-A \right)$ 가입비

↓

$\boxed{P_x} X + P_y Y = M - A$
절반

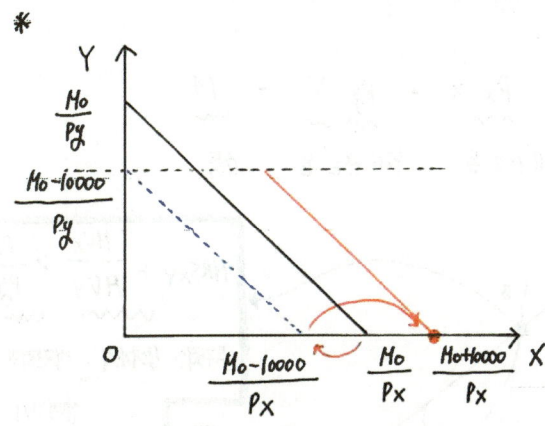

〈이링식 쿠폰 제도〉

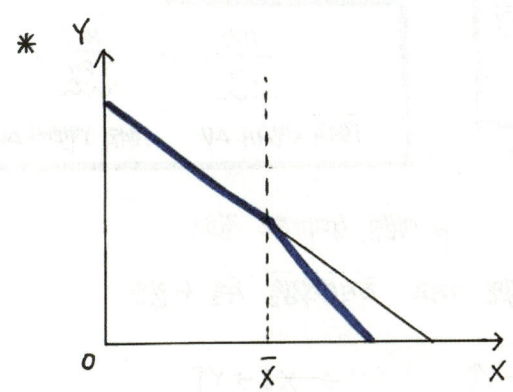

〈X에 과세〉

$P_x^0 \to (1+t_x) P_x^0$

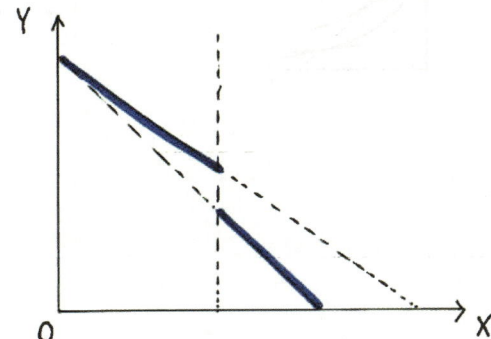

〈소급하여 X에 과세〉

07 일반적인 무차별 가정시 효용극대화

$$\text{Max } U = f(X,Y)$$
$$x, Y$$

제약조건 s.t. $\underbrace{P_x \cdot X}_{X에 쓰는 돈} + \underbrace{P_y \cdot Y}_{Y에 쓰는 돈} = \underbrace{M}_{소득}$

(효과) 최적 (햄버거)

$$MRS_{XY} = \frac{MU_X}{MU_Y} > \frac{P_x}{P_y}$$

주관적인 상대가치   객관적인 상대가치

$$\frac{MU_X}{P_x} < \frac{MU_Y}{P_y} \quad (X\downarrow, Y\uparrow)$$

"가중한계효용균등의 법칙"

$$MRS_{XY} = \frac{P_x}{P_y}$$
$$\frac{MU_X}{P_x} = \frac{MU_Y}{P_y}$$

∴ $Y\downarrow \rightarrow X\uparrow$

$$\frac{MU_X}{P_x} > \frac{MU_Y}{P_y}$$

1원치 X변화시 ΔU   1원치 Y변화시 ΔU

(사례) $\frac{MU_X=4}{MU_Y=2} > \frac{P_x=1000}{P_y=1000}$

$\frac{MU_X=4}{MU_Y=2} \quad \frac{P_x=1000}{P_y=200}$

→ 예산선, 상대가격도 필요!
→ 한계대체율 값만 가지고 최적선택점을 찾을 수 없음.

→ $X\downarrow \rightarrow Y\uparrow$

08 다양한 형태의 무차별곡선 가정시 효용극대화와 수요함수

▶ 콥-더글라스형 효용함수

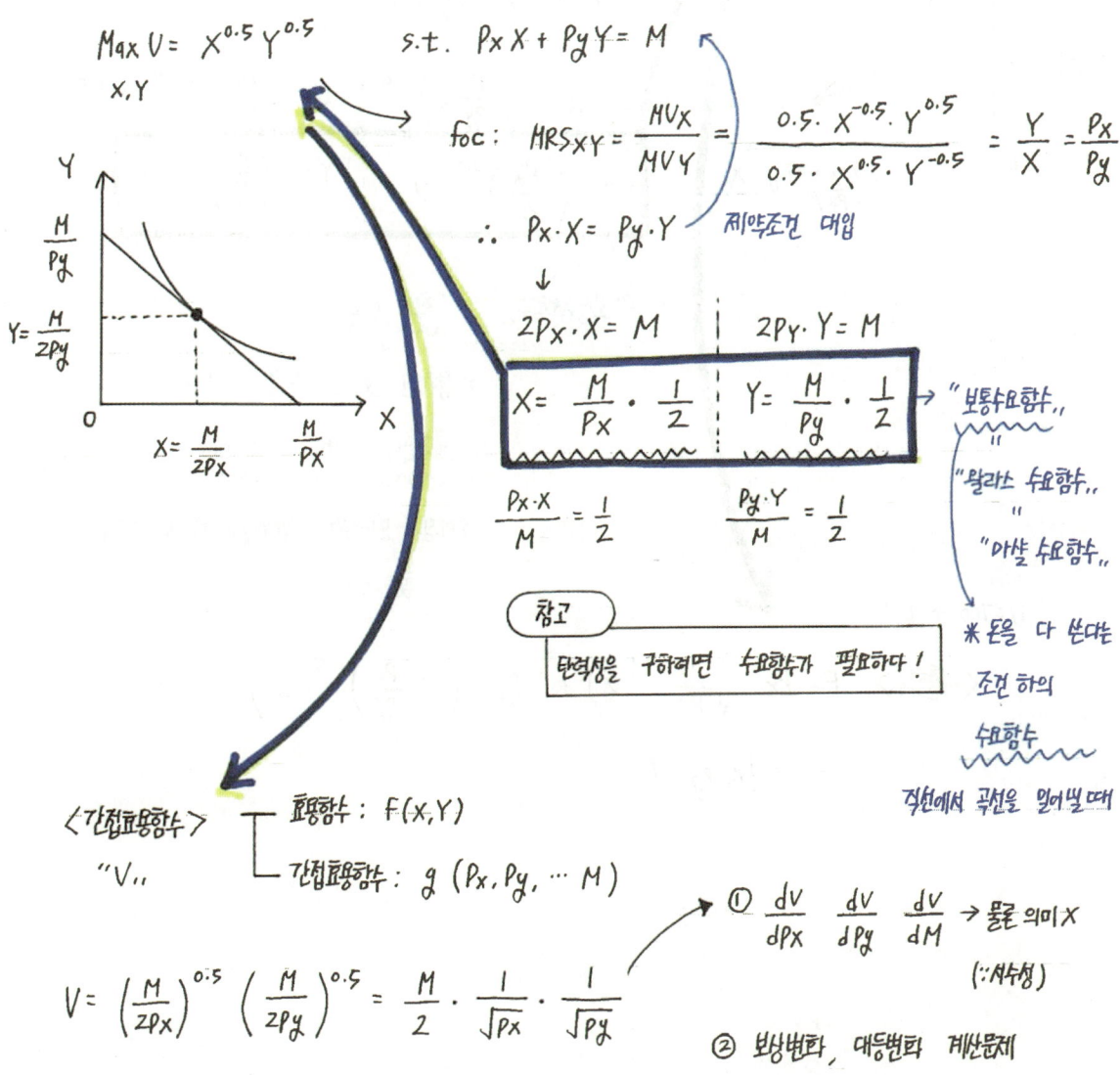

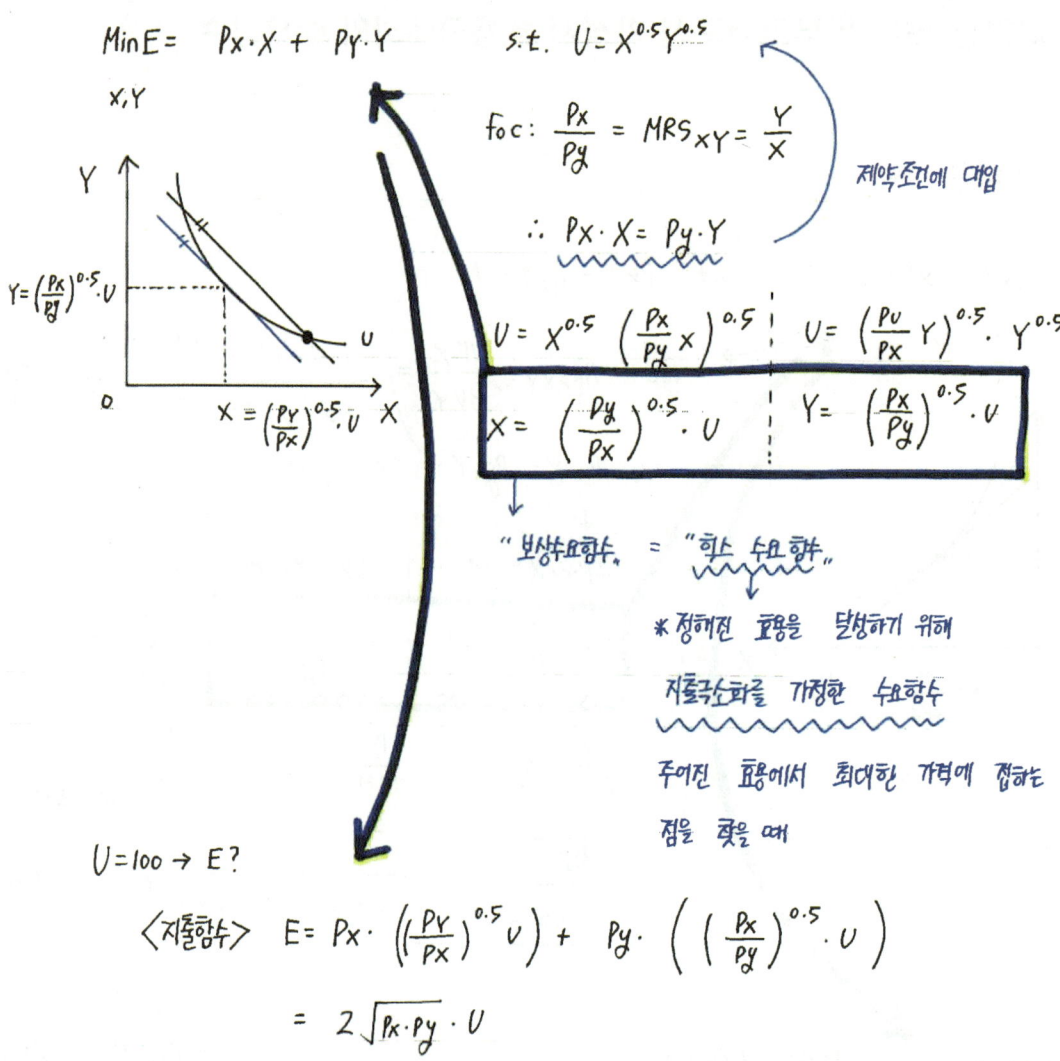

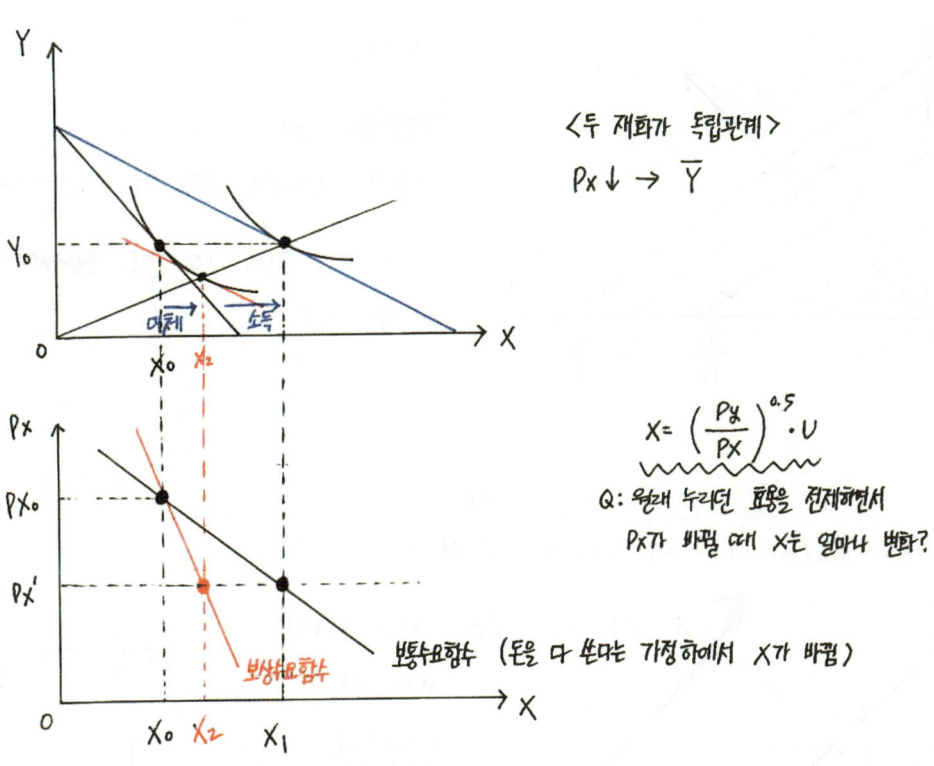

<두 재화가 독립관계>
$P_x \downarrow \rightarrow \overline{Y}$

$X = \left(\dfrac{P_y}{P_x}\right)^{0.5} \cdot U$

Q: 원래 누리던 효용을 전제하면서 P_x가 바뀔 때 X는 얼마나 변화?

보통수요함수 (돈을 다 쓴다는 가정하에서 X가 바뀜)

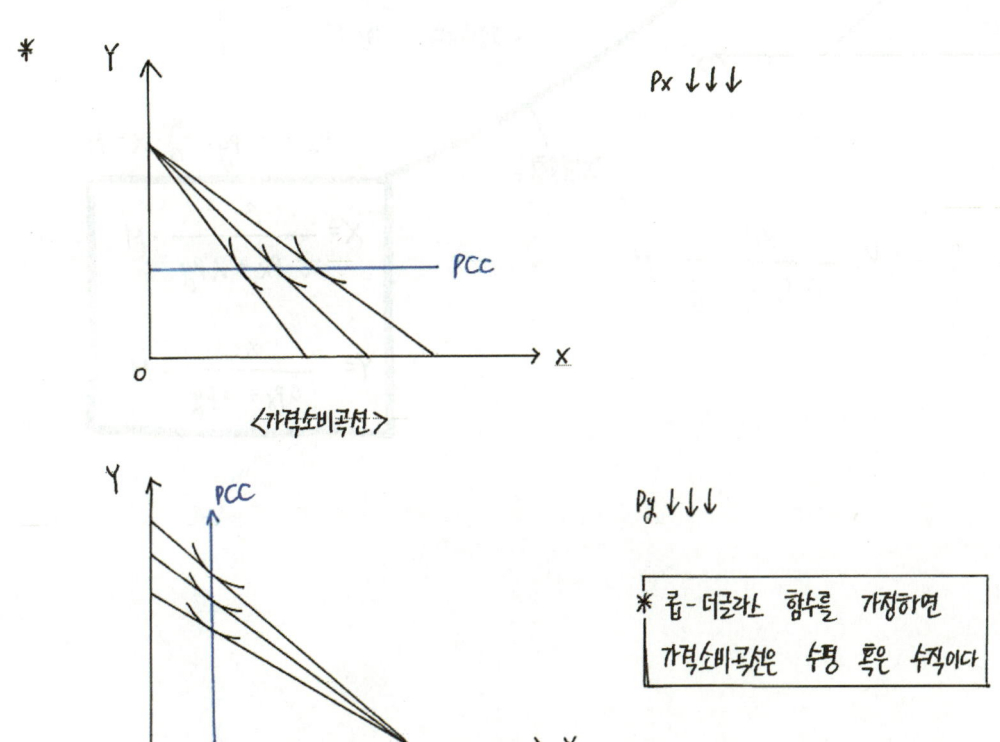

$P_x \downarrow\downarrow\downarrow$

<가격소비곡선>

$P_y \downarrow\downarrow\downarrow$

* 콥-더글라스 함수를 가정하면 가격소비곡선은 수평 혹은 수직이다

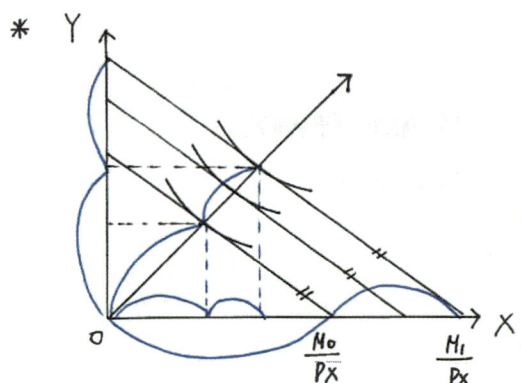

$M \uparrow \uparrow \uparrow$

"소득탄력성이 1이다"

→ 소비자의 선택점이 원점에서 뻗는 방사선

ex: 콥-더글라스 함수의 ICC 곡선은 원점에서 뻗는 직선

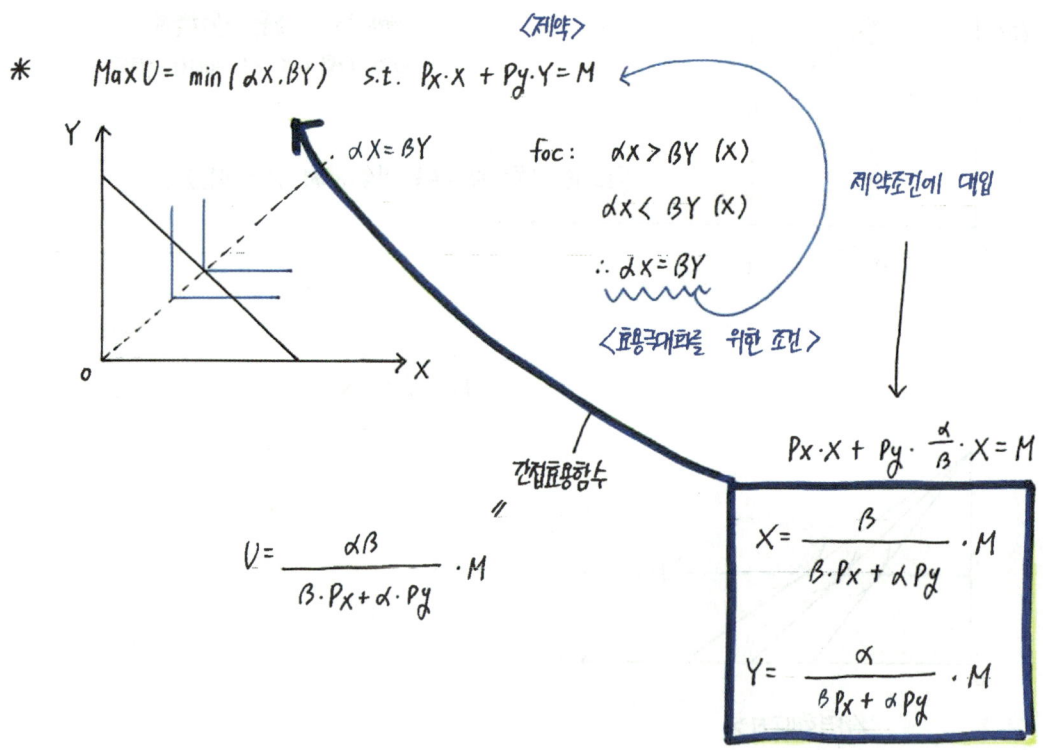

$$\text{Max } U = \min(\alpha X, \beta Y) \quad \text{s.t. } P_x \cdot X + P_y \cdot Y = M$$

〈제약〉

foc: $\alpha X > \beta Y$ (X)
$\alpha X < \beta Y$ (X)
∴ $\alpha X = \beta Y$

〈효용극대화를 위한 조건〉

제약조건에 대입

$$P_x \cdot X + P_y \cdot \frac{\alpha}{\beta} \cdot X = M$$

$$X = \frac{\beta}{\beta \cdot P_x + \alpha \cdot P_y} \cdot M$$

$$Y = \frac{\alpha}{\beta P_x + \alpha P_y} \cdot M$$

간접효용함수

$$V = \frac{\alpha \beta}{\beta \cdot P_x + \alpha \cdot P_y} \cdot M$$

* 보상수요함수

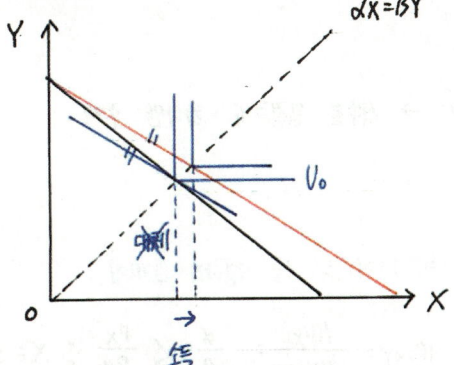

▶ 선형 효용함수

$Max\ U = \alpha X + \beta Y \quad s.t.\ P_X \cdot X + P_Y \cdot Y = M$

* 선형효용함수를 가정할 때 MRS는 바뀌지 않는다! → 상수로 일정하게 하나만 존재

$MRS_{XY} = \dfrac{\alpha}{\beta}$

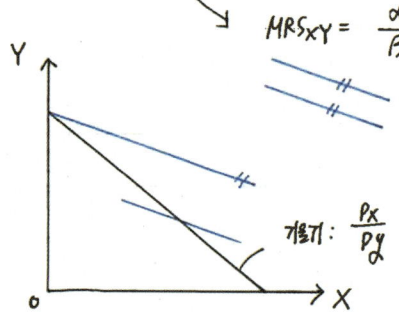

) MRS가 완만할 때 → X를 사용하지 않게됨.

$MRS_{XY} = \dfrac{MU_X}{MU_Y} = \dfrac{\alpha}{\beta} < \dfrac{P_X}{P_Y} : X = 0,\ Y = \dfrac{M}{P_Y}$

$\dfrac{\alpha}{\beta} = \dfrac{P_X}{P_Y} : 랜덤$

$\dfrac{\alpha}{\beta} > \dfrac{P_X}{P_Y} : X = \dfrac{M}{P_X},\ Y = 0$

* ⓟy = 고정

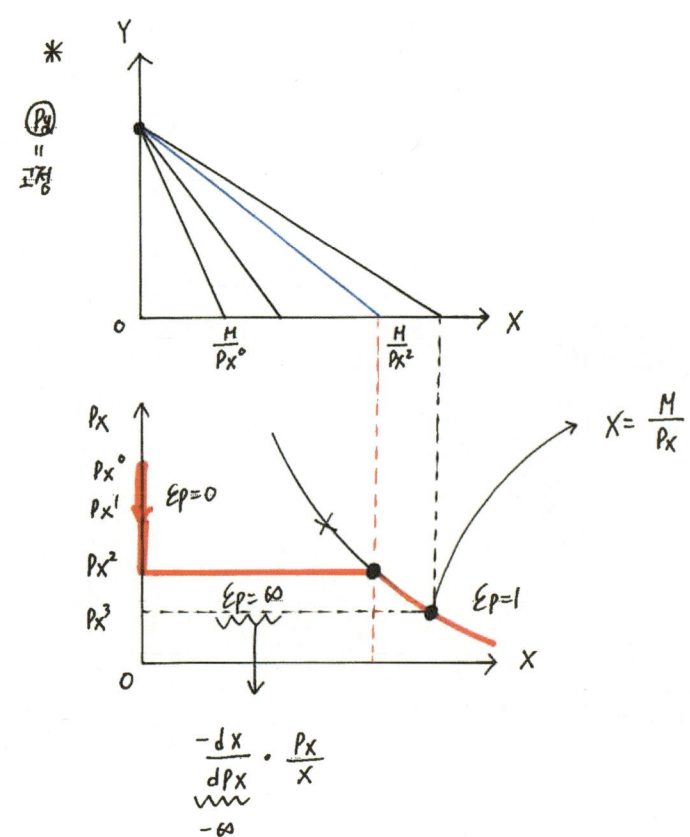

✓ 수요곡선이 수직일 때에는 가격이 오르거나 낮아져도 X 변화 X
→ $\varepsilon_P = 0$
수평일 때 → $\varepsilon_P = \infty$

* 소득이 증가할 때 효용극대화 점들 연결 → 소득소비곡선 → 세로축
  무차별곡선이 가팔라지면 가로축
  무차별곡선과 예산선이 평행하면 1사분면의 모든 영역
* PCC는 측정 X

▶ 준선형 효용함수 (출제 ↑)

$$\text{Max}_{X,Y} \ U = \ln X + Y \quad s.t. \ P_x \cdot X + P_y \cdot Y = M$$

$\boxed{\sqrt{X}, X^2}$

foc: $MRS_{XY} = \dfrac{MU_X}{MU_Y} = \dfrac{1}{X} = \dfrac{P_x}{P_y}$

제약조건에 대입

$\therefore P_x X = P_y$

$P_y + P_y \cdot Y = M$

$Y = \dfrac{M}{P_y} - 1$

① $P_y \leq M : X = \dfrac{P_y}{P_x}, \ Y = \dfrac{M}{P_y} - 1$

  $P_y \geq M : X = \dfrac{M}{P_x}, \ Y = 0$

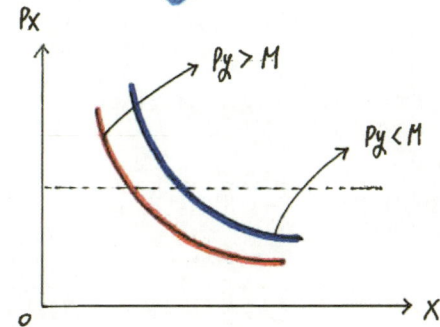

✓ 수요함수는 2가지 경우의 수요함가 가능하다.

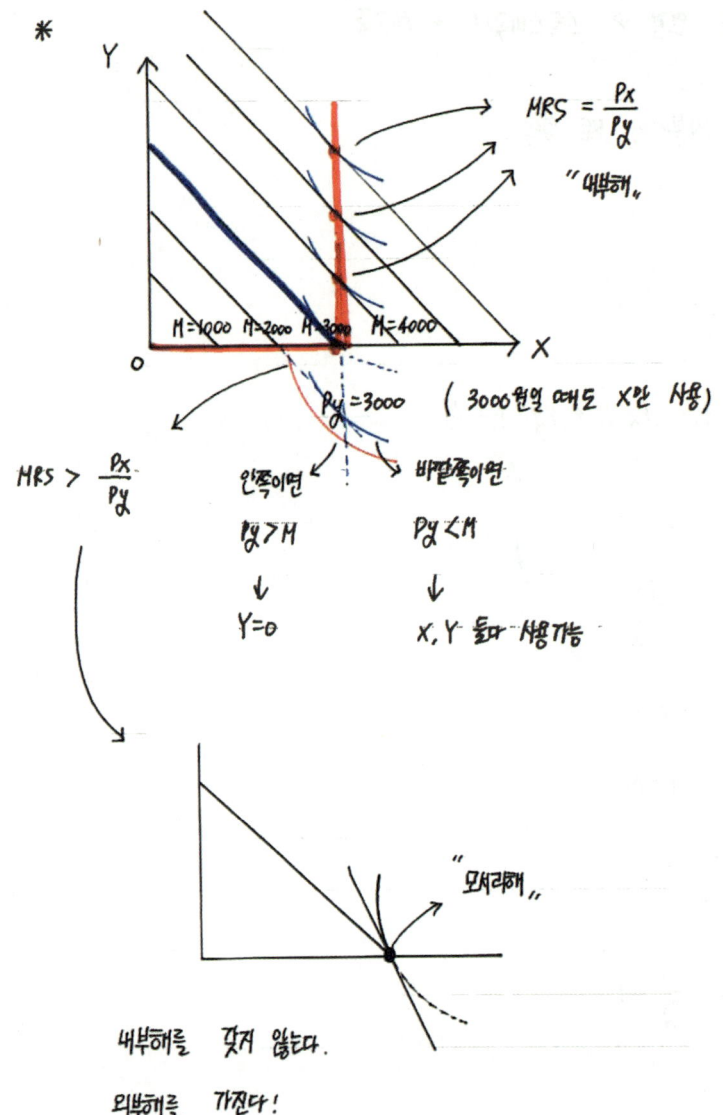

▶ 엥겔곡선

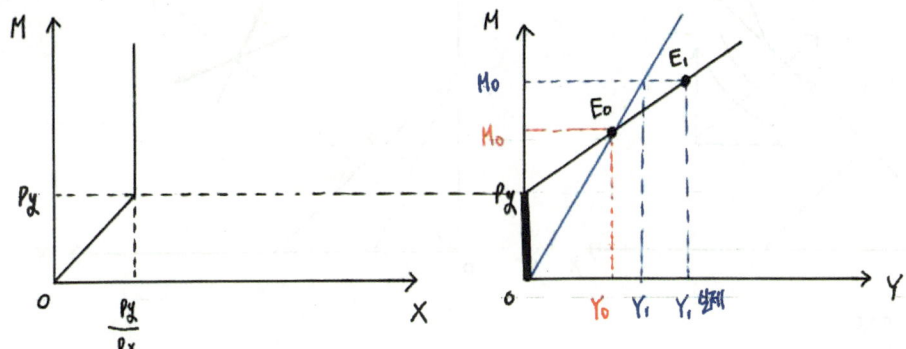

▶ 기타 예외적인 무차별곡선 가정 시 효용극대화

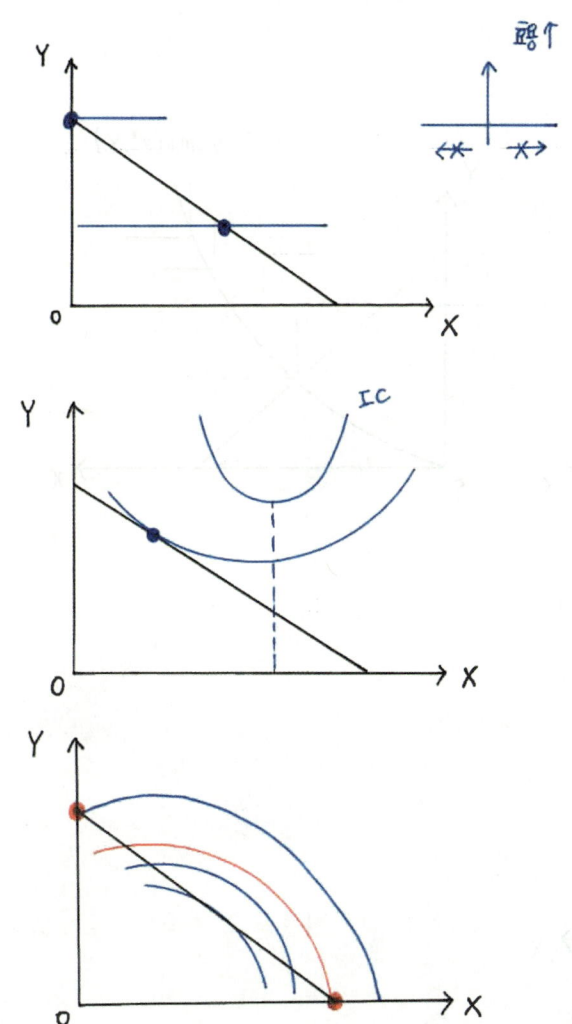

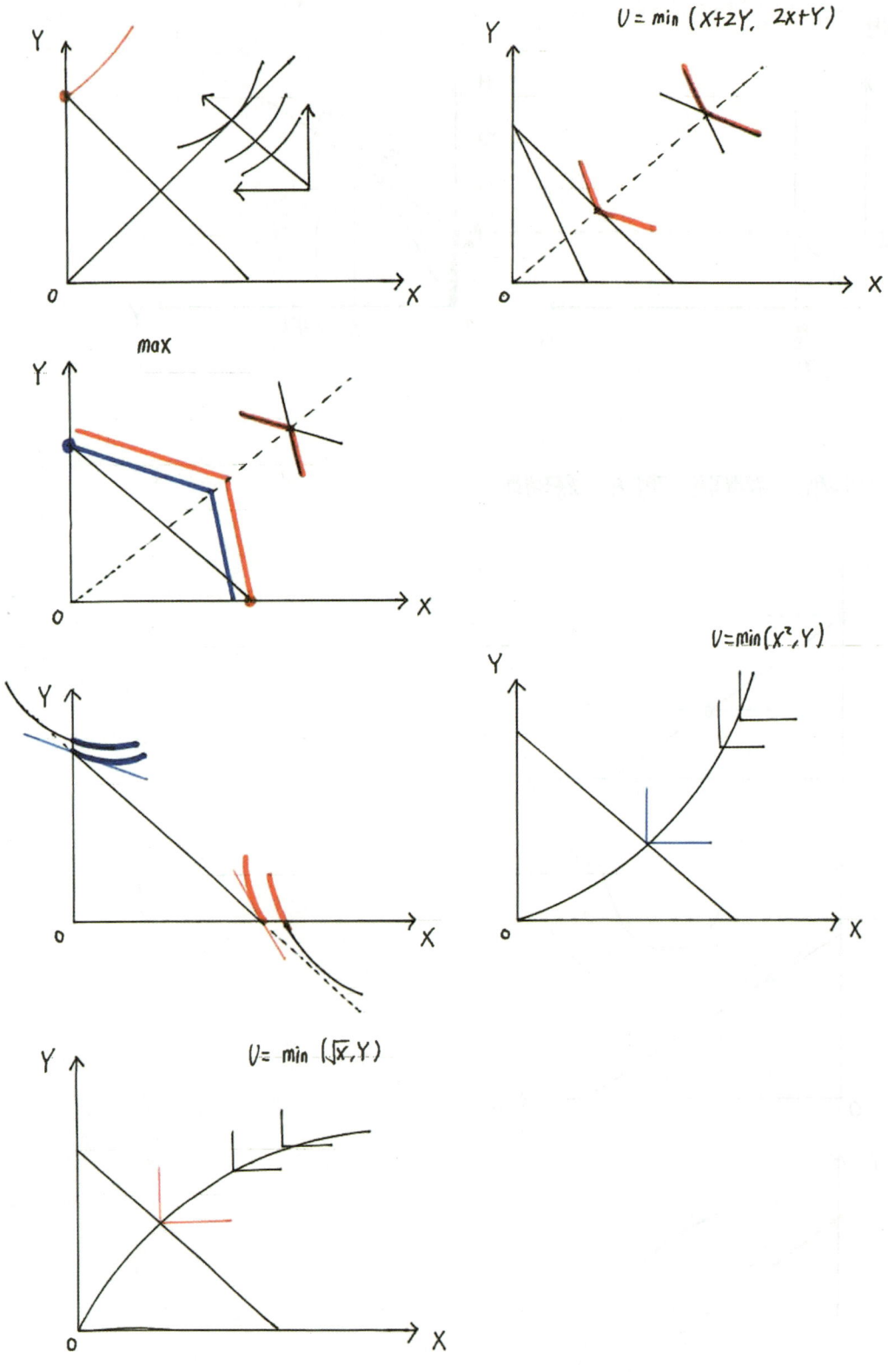

09. 소득소비곡선과 엥겔곡선

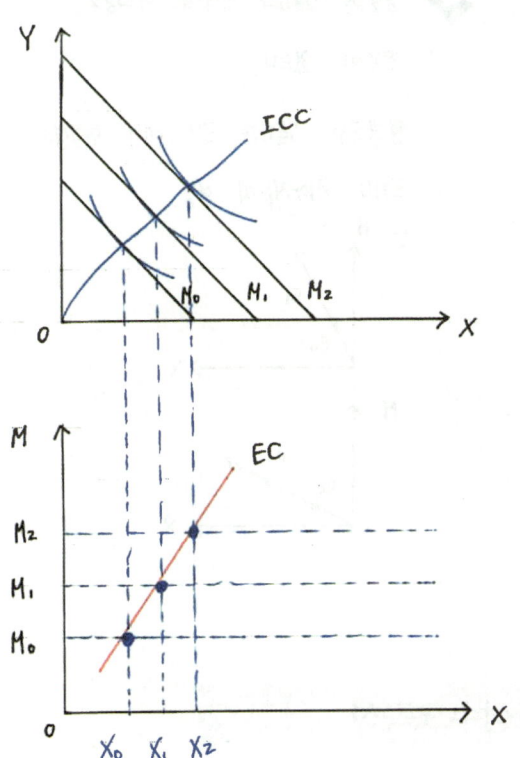

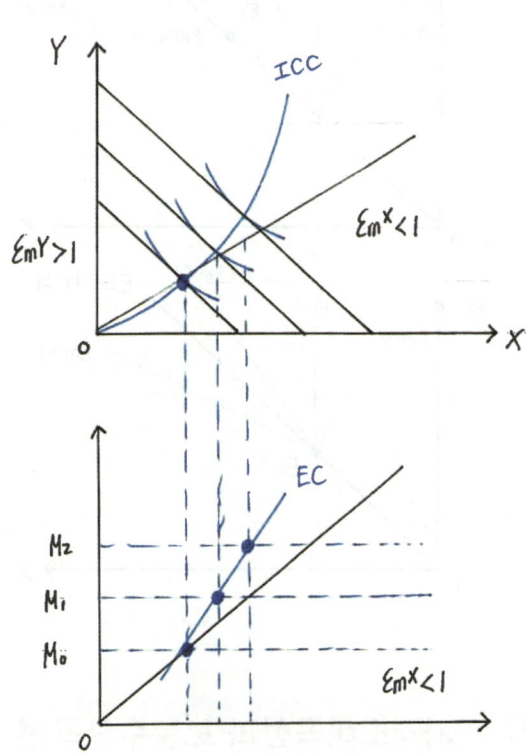

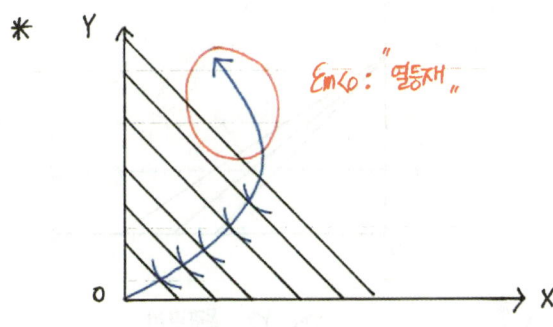

ex) 라면
일정 수준 이상에서는 라면 그만 먹고
파스타 선택

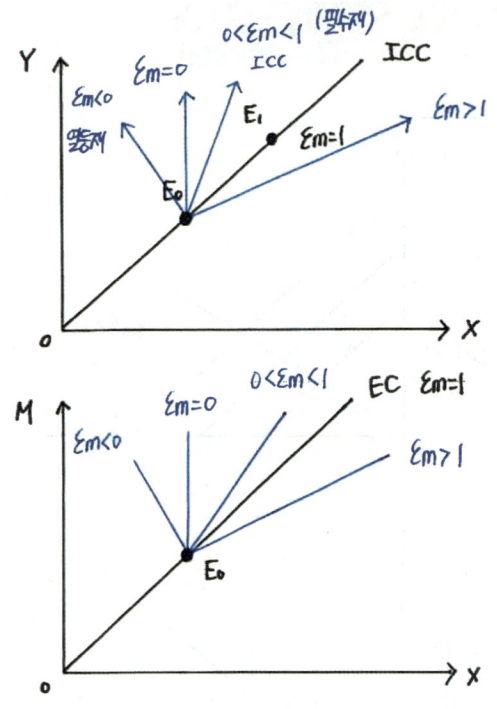
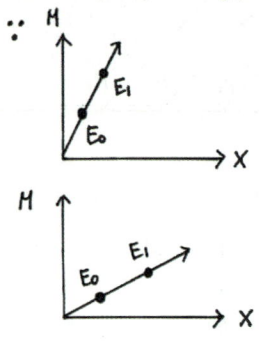

✓ 엥겔곡선 기울기와 탄력성은 어느정도 연관성은 있으나,

엥겔곡선 기울기가 크다 해서 탄력성이 크냐 작아지는게 아님.

10) 가격소비곡선과 보통수요곡선, 보상수요곡선

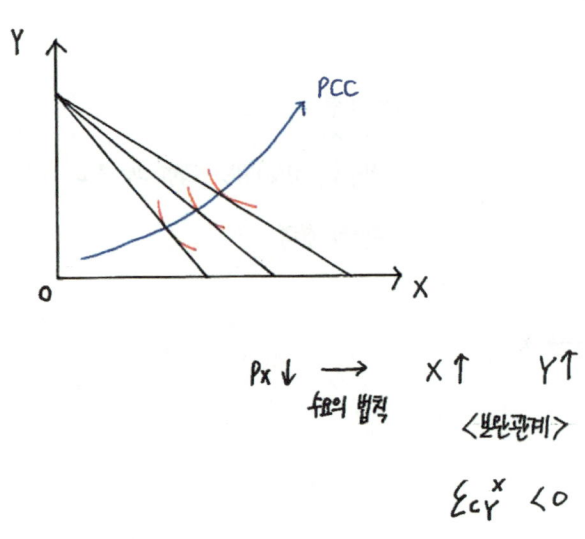
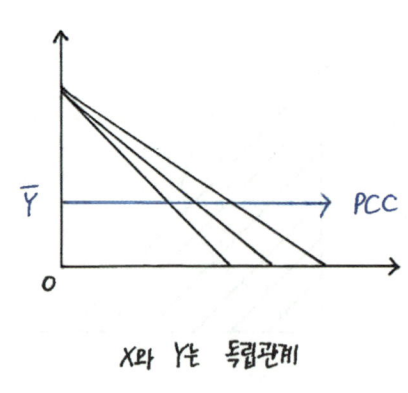

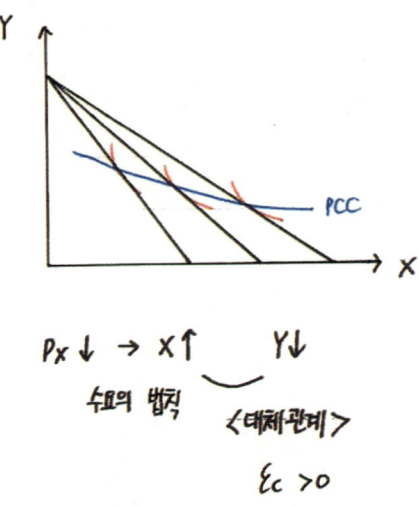

$P_x \downarrow \rightarrow X \uparrow \quad Y \downarrow$
수요의 법칙 〈대체관계〉
$\varepsilon_c > 0$

※ 〈독립재〉 X의 가격 ↓ → X 수요량 ↑ → 가격탄력성이 1

    but Y가 증가한다면 X의 증가분도 적어야 함.

※ 대체효과 (일반적으로 힉스 대체효과를 의미함)
    원래 효용 유지

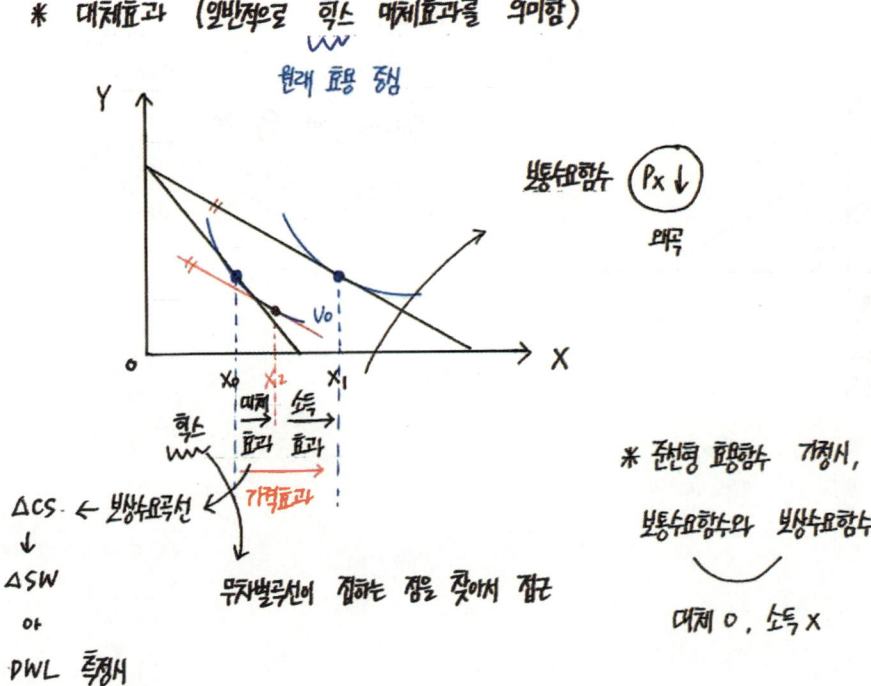

보통수요함수 $\boxed{P_x \downarrow}$
의목

△CS ← 보상수요곡선
↓
△SW
or
DWL 측정시

※ 준선형 효용함수 가정시,
    보통수요함수와 보상수요함수
    대체 O, 소득 X

※ 슬러츠키

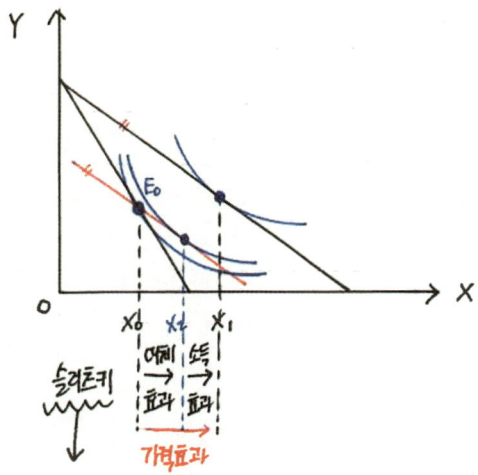

초기 구매점을 기준으로
바뀐 예산선과의 차이를 측정함.

※ 열등재 (대체효과와 소득효과의 방향이 반대인 재화, 대부분 대체효과가 더 큼)
↓
예외 존재

$\varepsilon_m < 0$ but $\varepsilon_p > 0$

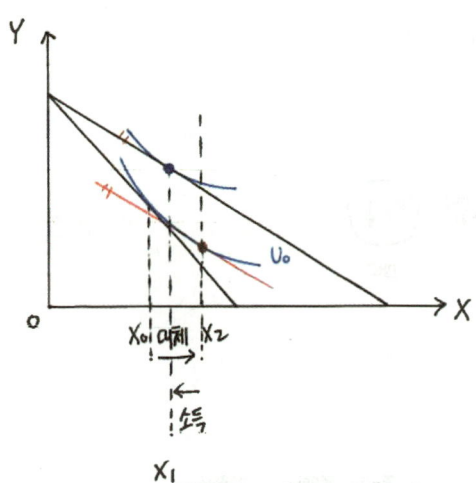

※ 기펜재

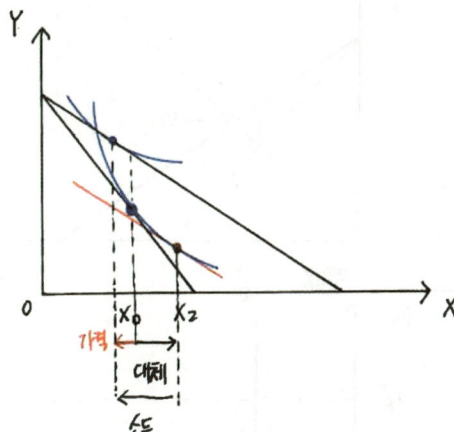

$P_x \downarrow, x \downarrow$

<기펜재 특성>
- $\varepsilon_m < 0$
- $\varepsilon_p < 0$ → 수요곡선이 우상향
- ex) 아일랜드 감자

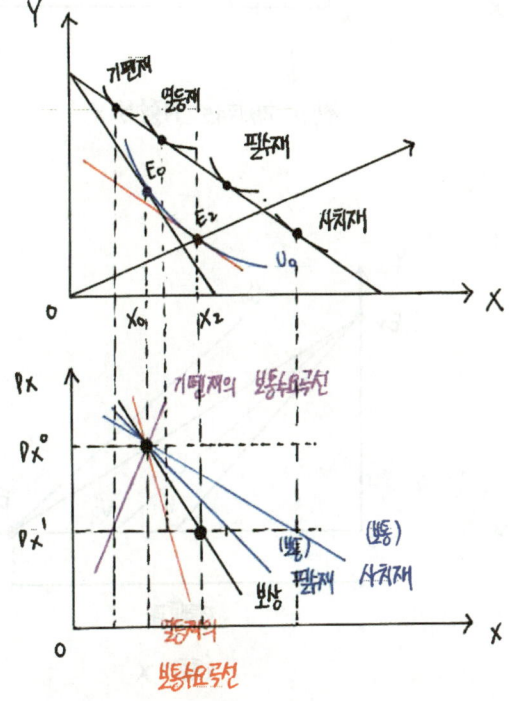

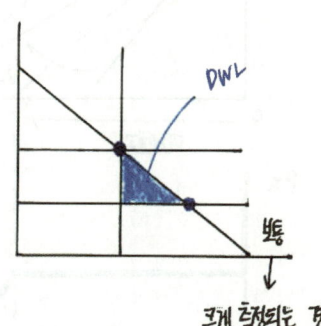

크게 측정되는 경향 O

✓ 정상재의 경우 보통수요곡선으로 측정된 자중손실은 과다측정됨.
  열등재 " 과소측정됨.

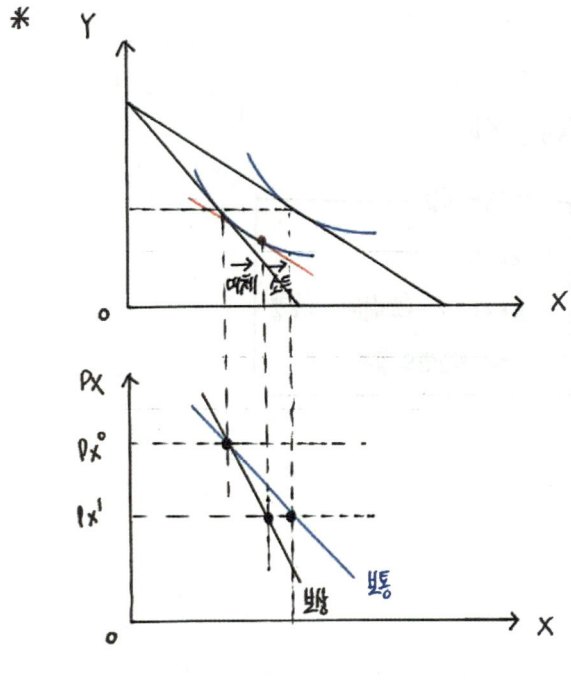

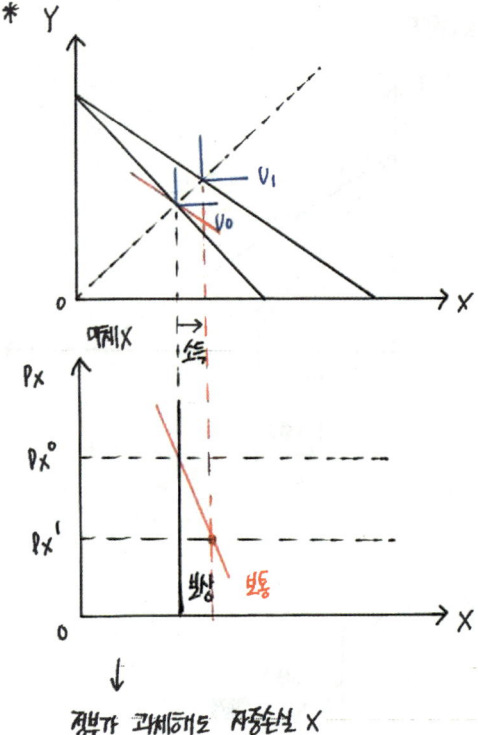

정부가 과세해도 자중손실 X

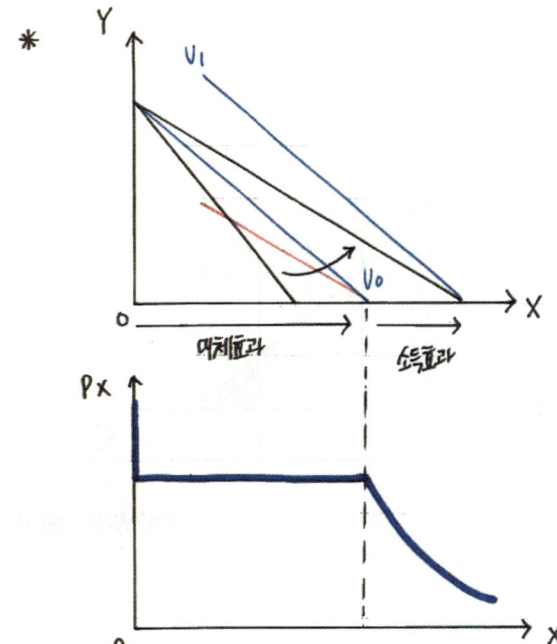

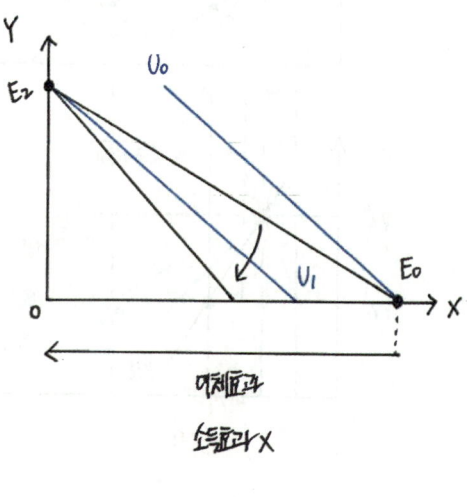

대체효과
소득효과 X

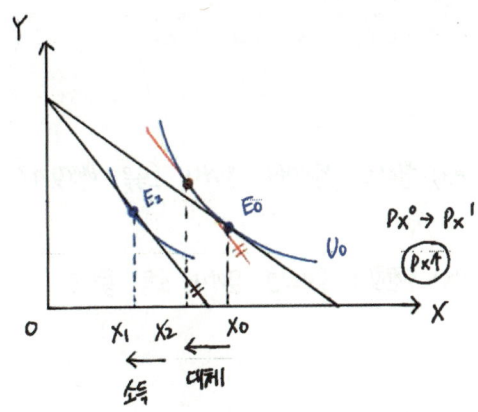

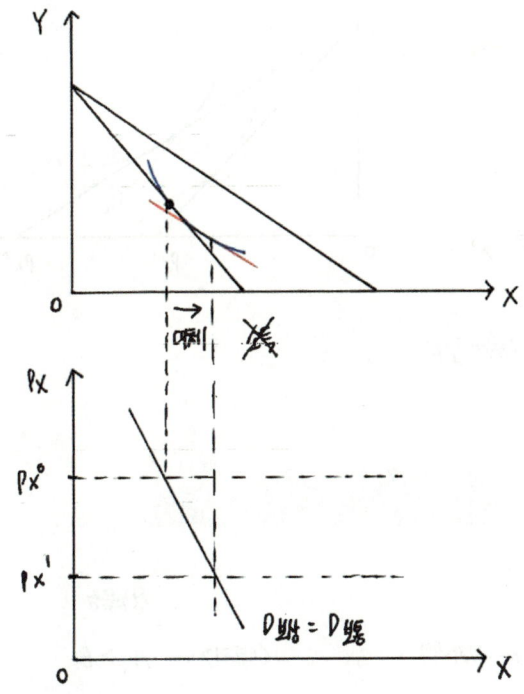

$U = \ln X + Y$

$MRS_{XY} = \dfrac{1}{X}$

11 보상변화와 대등변화

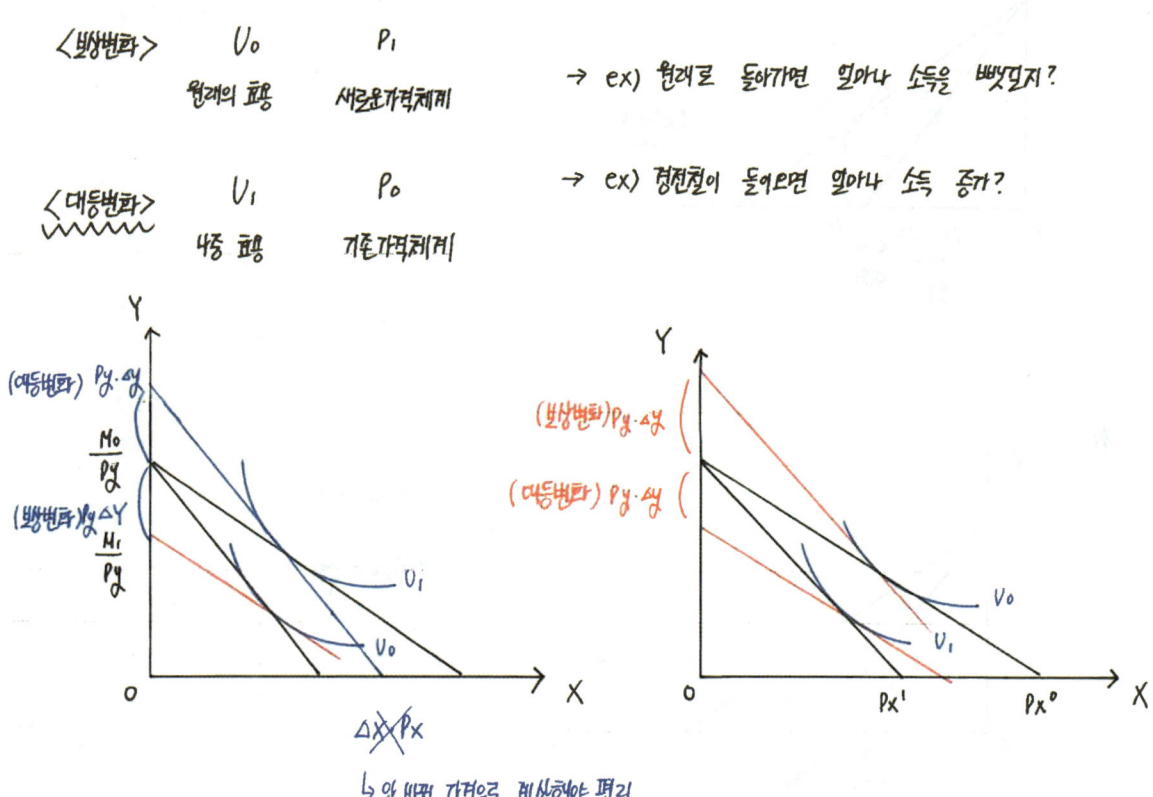

12 현시선호이론

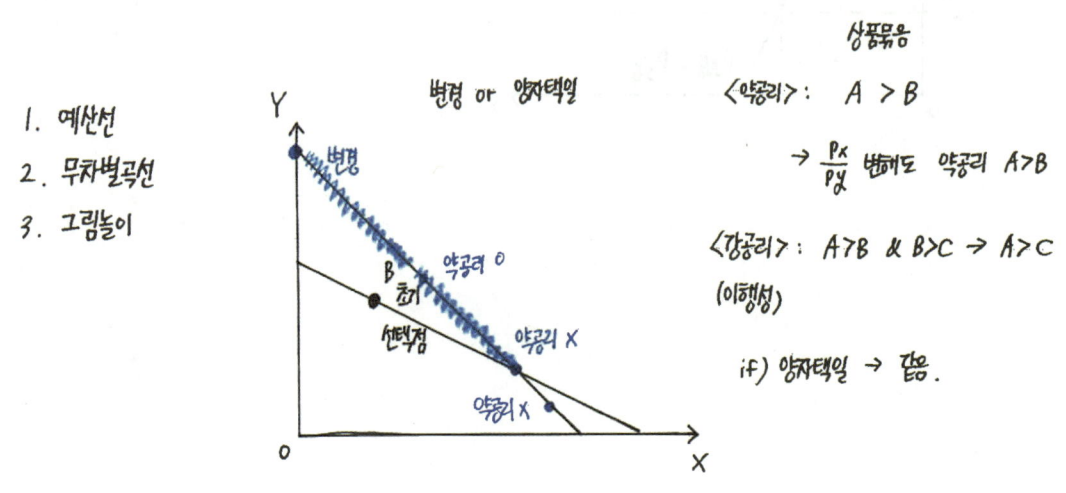

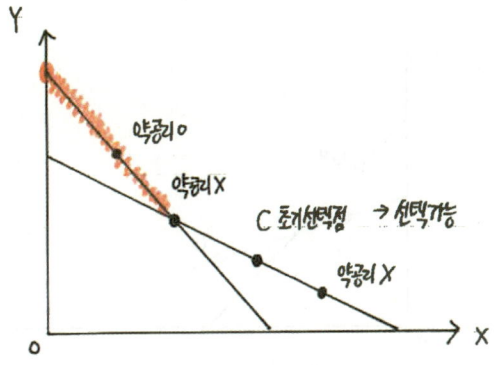

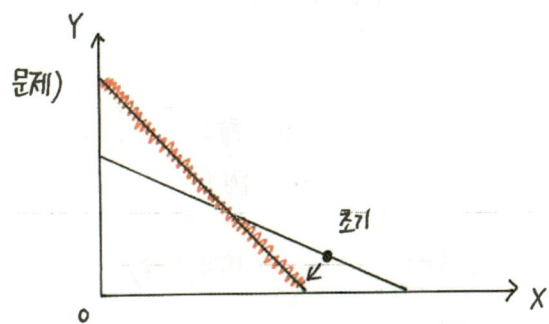

13. 지수의 이해

$$\frac{P_1Q_1}{P_0Q_0}$$
$$=\frac{P_x^1 \cdot X_1 + P_y^1 \cdot Y_1}{P_x^0 \cdot X_0 + P_y^0 \cdot Y_0}$$
$$= N$$
명목소득증가율

	수량지수	
	Q 기준	P 기준
라스파이레스 (이전)	$\dfrac{P_0Q_1}{P_0Q_0}$	$\dfrac{P_1Q_0}{P_0Q_0}$ ⇒ CPI
파쉐 (나중)	$\dfrac{P_1Q_1}{P_1Q_0}$	$\dfrac{P_1Q_1}{P_0Q_1}$ ⇒ GDP 디플레이터(deflator)

chapter 3 소비자이론 | 59

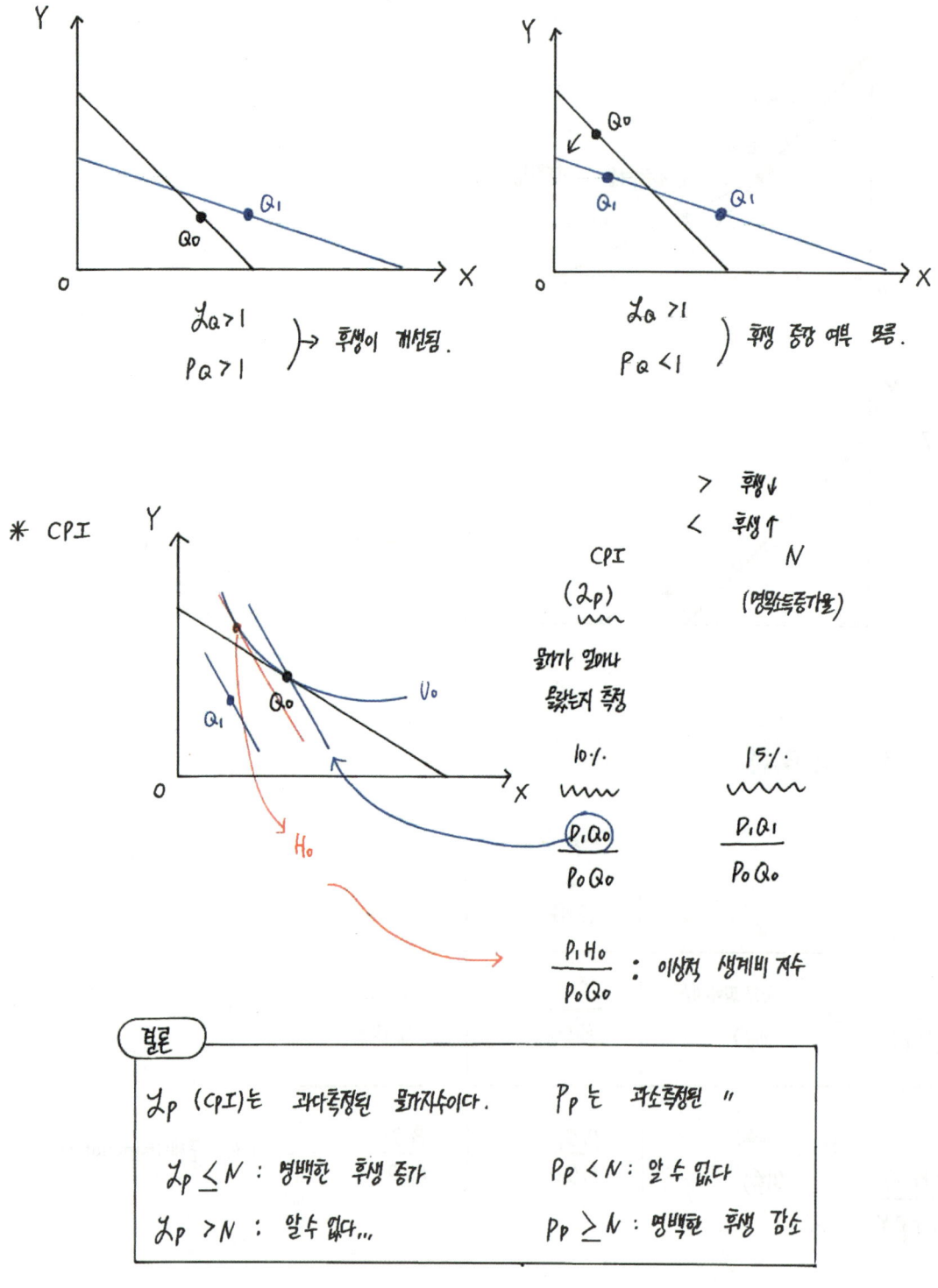

14 정부보조(1) : 현금보조, 현물보조, 가격보조

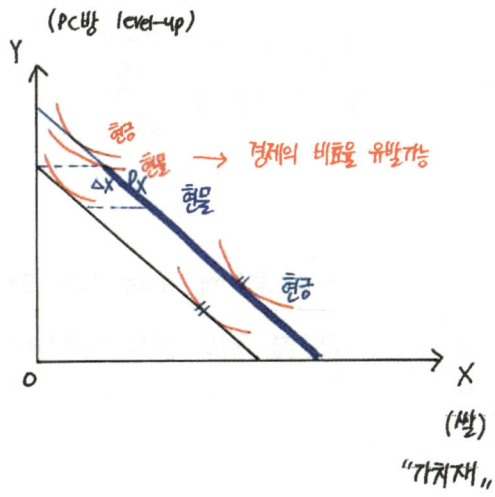

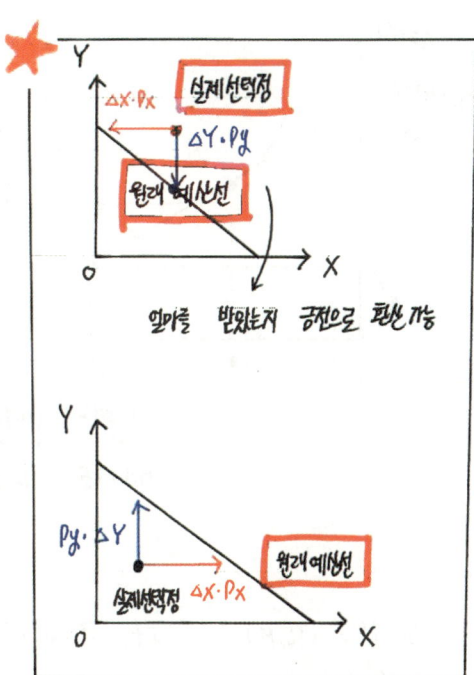

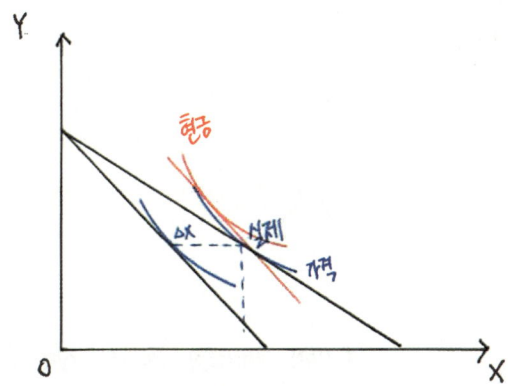

15 정부보조(2) : GMI, NIT, EITC

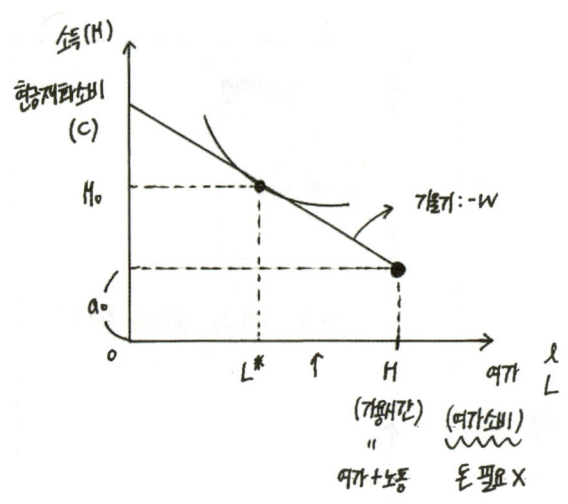

$$M = \underbrace{a_0}_{\text{비근로소득}} + \underbrace{w}_{\text{시간당임금}} \underbrace{(H-L)}_{\substack{\text{여가}\\ \text{근로시간}}}$$

$$\underbrace{}_{\text{근로소득}}$$

* 여가를 즐길 때 포기하는 임금도 고려 →
  시간당 임금 (w)은 여가의 기회비용이다.

$$\underset{L, M}{\text{Max}}\ U = f(L, M) \quad s.t. \quad M = a_0 + w(H-L)$$

$$foc : MRS_{LM} = \frac{MU_L}{MU_M} = w \quad \text{(제약조건에 대입)}$$

* GMI (최저생계비 보장제도)

$a_0 = 0$

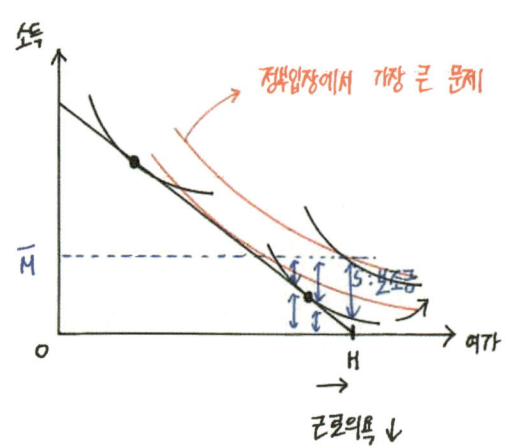

정부입장에서 가장 큰 문제

* 사실상 한계세율이 100%인 구간이 존재함.
  ↑
  암묵적

근로의욕 ↓

* NIT

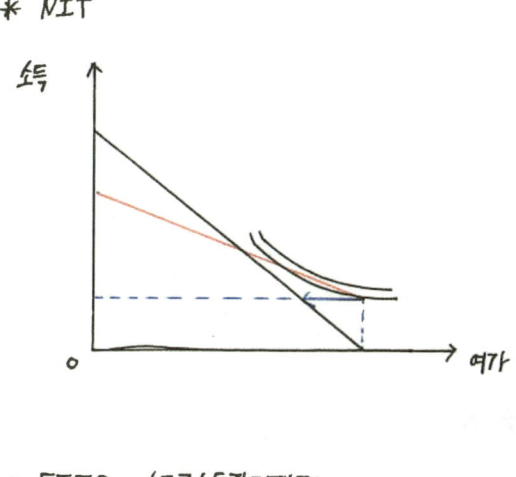

GNI의 단점 극복!
(100% 한계세율)

* EITC (근로소득장려제도)

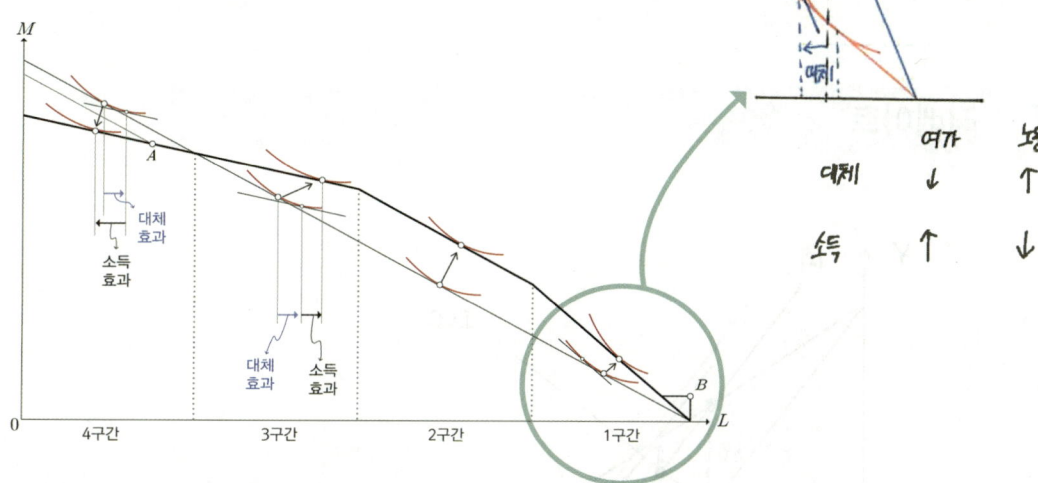

16 조세 : 소득세와 소비세

$P_x \cdot X + P_y \cdot Y = M$

소득세: $M_0 \rightarrow M_0 - T$

(선별) 소비세: $P_x^0 \rightarrow P_x^0(1+t_x)$
(가정)

조세: $\Delta Y \times P_y$

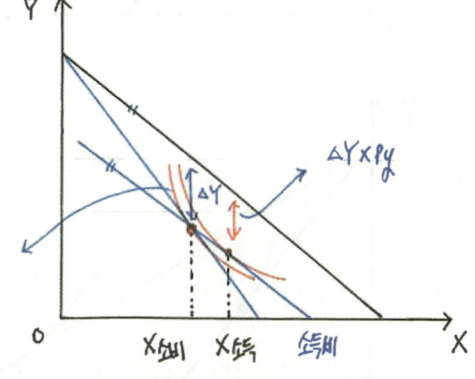

∴ 같은 조세를 빼앗아가도 효용이 높은 건 소득세!
∨
소비세

* $\frac{P_x}{P_y}$ 증가 or 감소
  → 왜곡 유발 → 자중손실 (초과부담)

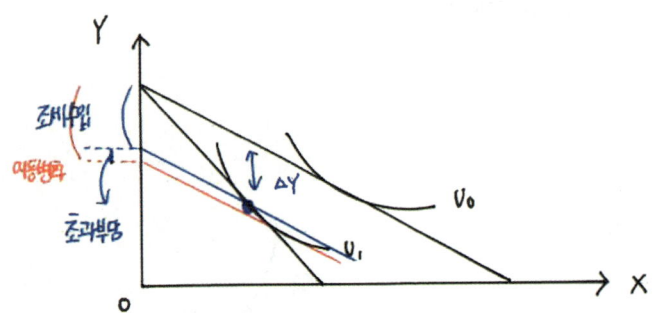

17 리베이트

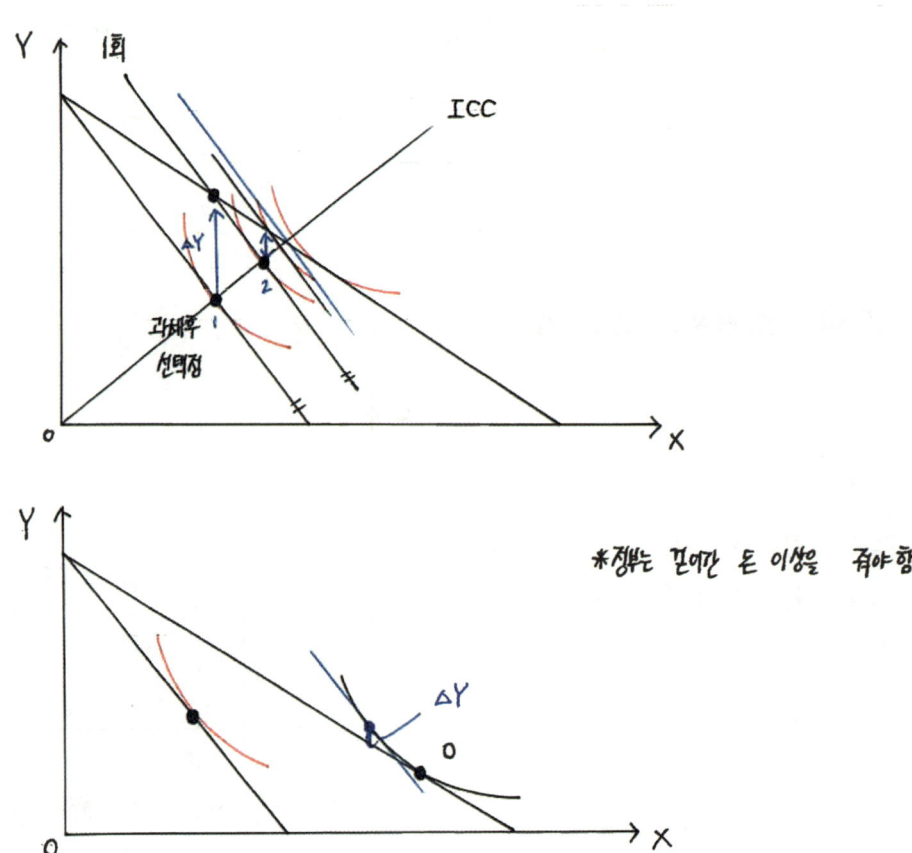

*정부는 그에 맞는 돈 이상을 줘야 함.

18. 피셔의 2기간 자원배분모형

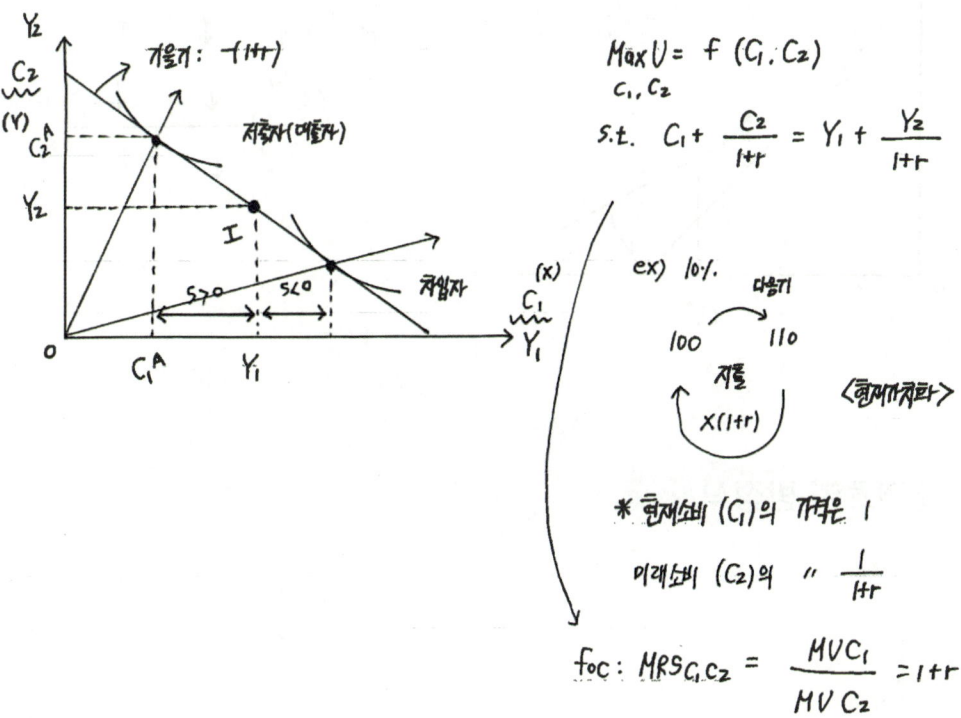

$$\max_{C_1, C_2} U = f(C_1, C_2)$$

$$s.t. \quad C_1 + \frac{C_2}{1+r} = Y_1 + \frac{Y_2}{1+r}$$

ex) 10% 〈현재가치화〉

$100 \xrightarrow{\text{다음기}} 110$

저축 $\times (1+r)$

※ 현재소비 (C_1)의 가격은 1
   미래소비 (C_2)의 " $\frac{1}{1+r}$

foc : $MRS_{C_1, C_2} = \dfrac{MU C_1}{MU C_2} = 1+r$

〈저축자〉

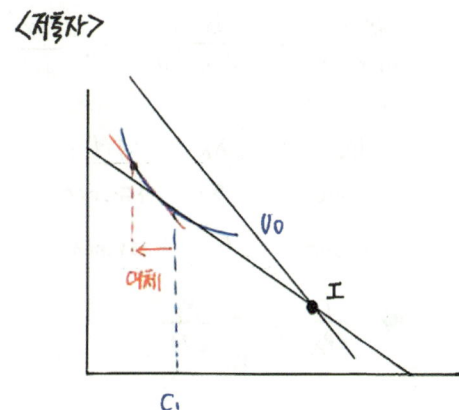

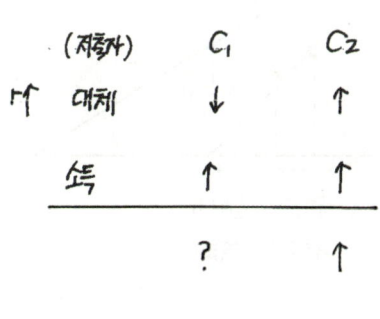

(저축자)	C_1	C_2
$r\uparrow$ 대체	↓	↑
소득	↑	↑
	?	↑

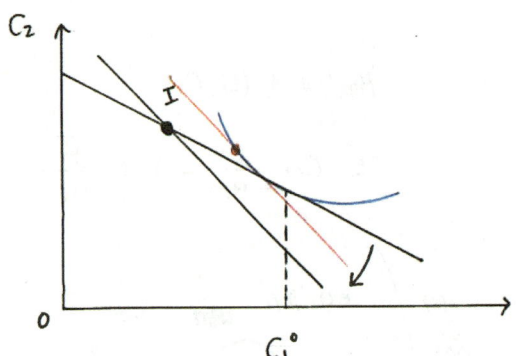

19 슬러츠키 방정식

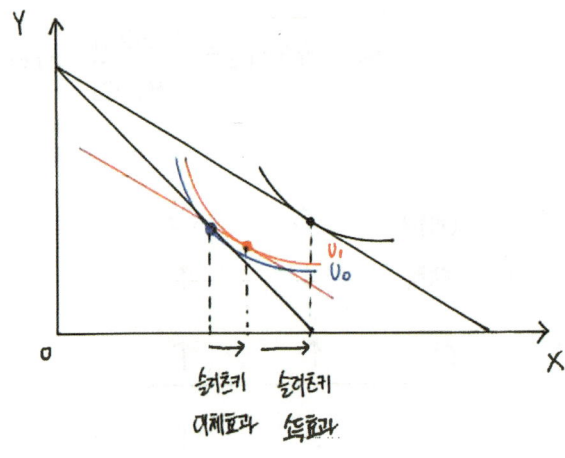

$P_X \downarrow$

가격효과 = 대체효과 + 소득효과

$$\left.\frac{dx}{dP_X}\right|_M = \left.\frac{dx}{dP_X}\right|_U - X_0 \frac{dx}{dM}$$

dP_X	X	X_0	$= -dM$
$-10,000$		5	$+50,000$
$+5000$		5	$-25,000$

➡ $\dfrac{1}{dP_X} = -\dfrac{X_0}{dM}$

20 정보재, 네트워크효과, 내구재와 비내구재

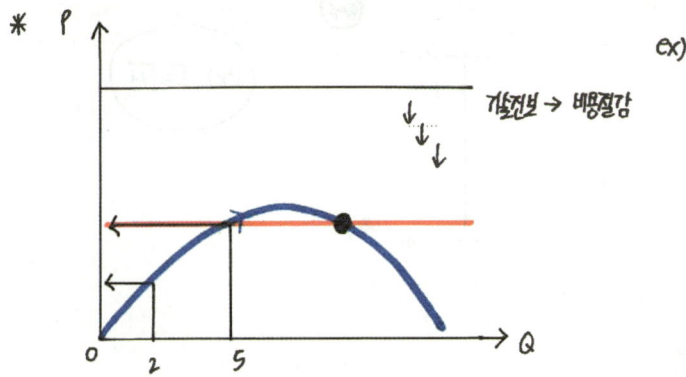

ex) 카카오톡

기술진보 → 비용절감

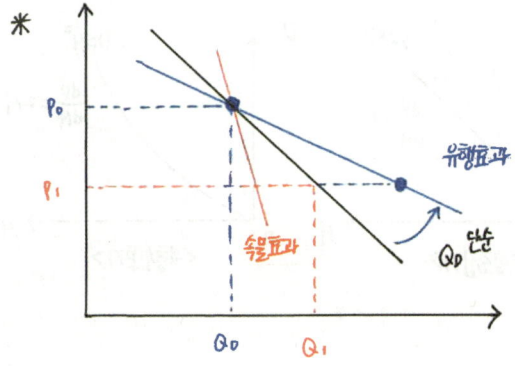

유행효과
속물효과

* 경제침체기) 소비 감소의 원인이 되는 재화들은 자동차·세탁기 등등

- 비내구재 (휘발유)
- 내구재 (자동차·세탁기)

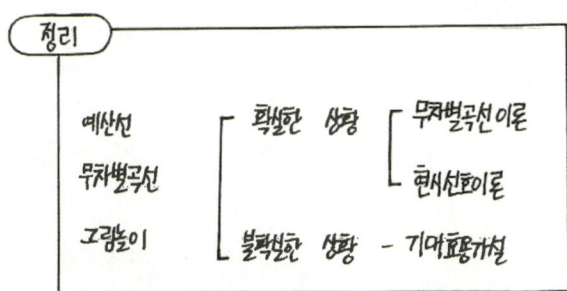

정리

예산선 ─┬─ 확실한 상황 ─┬─ 무차별곡선 이론
무차별곡선 │   └─ 현시선호이론
그림높이 └─ 불확실한 상황 ── 기대효용가설

21 기대효용이론

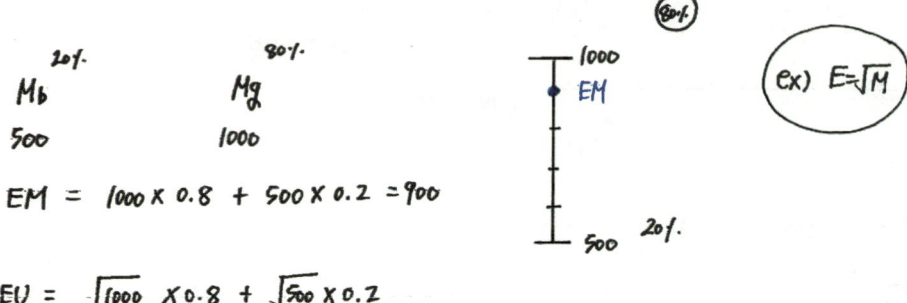

M_b 20% M_g 80%
500   1000

$EM = 1000 \times 0.8 + 500 \times 0.2 = 900$

$EU = \sqrt{1000} \times 0.8 + \sqrt{500} \times 0.2$

∴ "폰 노이만-모겐스턴 함수"

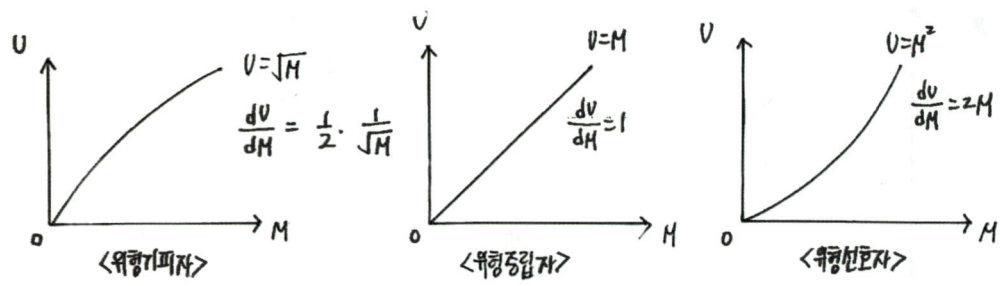

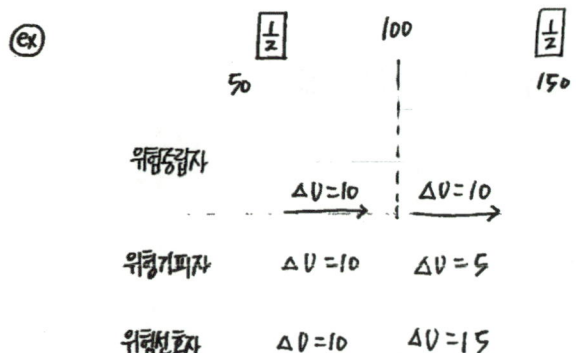

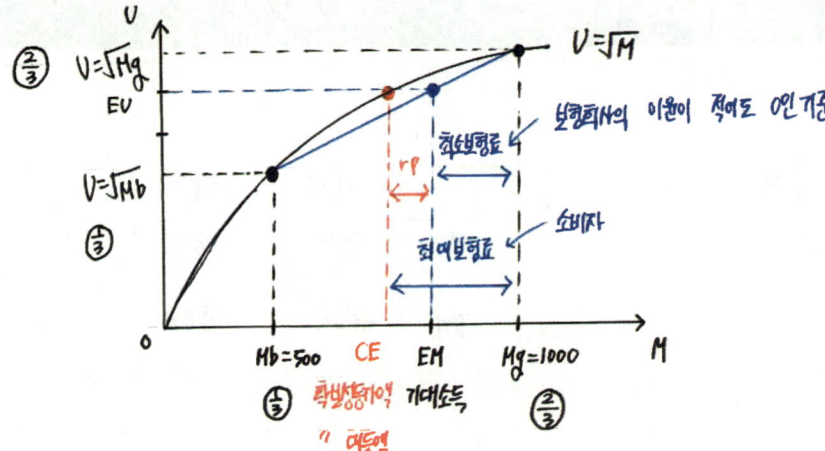

Chapter 4 생산자이론

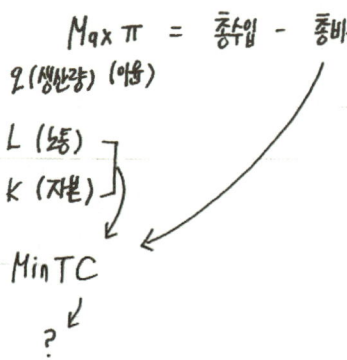

	노동:L	자본:K
단기	유동요소	고정요소
장기	유동요소	유동요소

01 단기생산함수

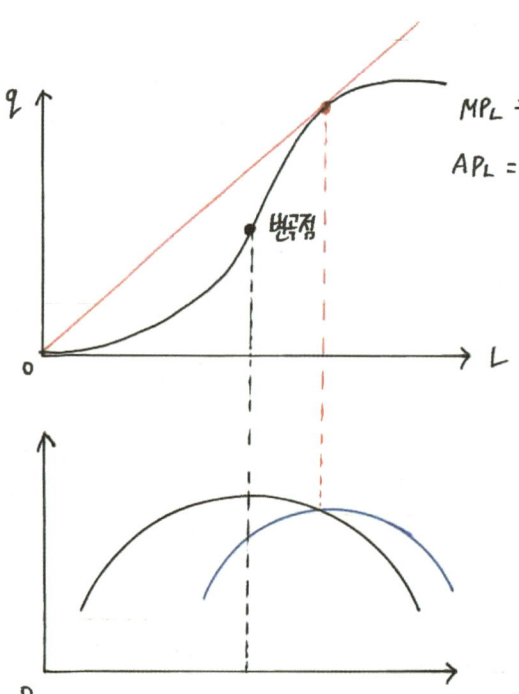

$MP_L = \dfrac{dq}{dL}$

$AP_L = \dfrac{q}{L}$

* 자본의 한계생산성은 장기에 여쳐주기!

* $MP_L \uparrow$ → 생산량 증가
  $MP_L \downarrow$ → 생산량 감소

02 장기생산함수

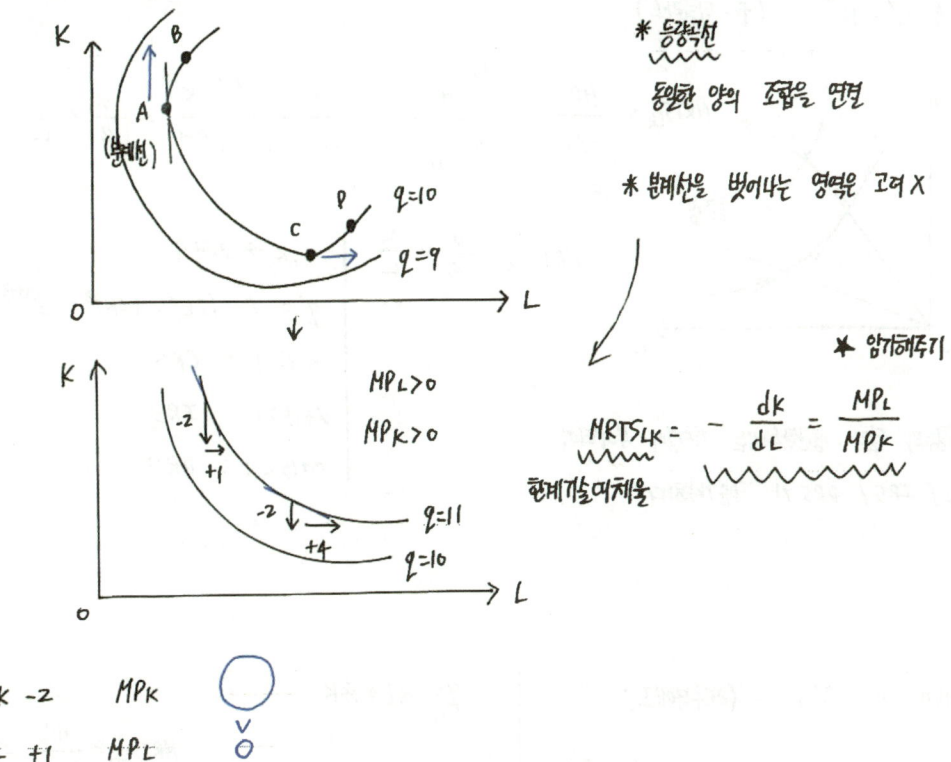

* 등량곡선
  동일한 양의 조합을 연결

* 볼록성을 벗어나는 영역은 고려 X

* 암기해주기

$$MRTS_{LK} = -\frac{dK}{dL} = \frac{MP_L}{MP_K}$$

한계기술대체율

$MP_L > 0$
$MP_K > 0$

K -2 MP_K
L +1 MP_L

▶ 규모에 대한 수익

L, K ──→ Q
2배 ┬ IRS → 3배 (2배 초과)
    ├ CRS → 2배
    └ DRS → 1.5배 (2배 미만)

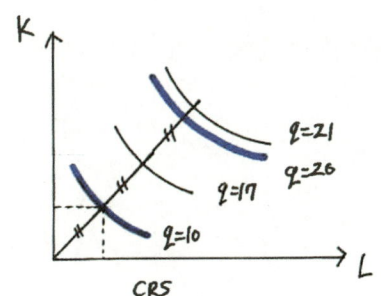
CRS

생산폭이 점점 감소할 때 → DRS

Q=10, 40, 90 … : IRS

▶ 여러 생산함수

$q = A \cdot L^\alpha \cdot K^\beta$ (콥-더글라스)

$MRTS_{LK} = \dfrac{MP_L}{MP_K} = \dfrac{dq/dL}{dq/dK} = \dfrac{\alpha \cdot A \cdot L^{\alpha-1} \cdot K^\beta}{\beta \cdot A \cdot L^\alpha \cdot K^{\beta-1}} = \dfrac{\alpha}{\beta} \times \dfrac{K}{L}$

"동조성" 이분

$MRTS_{LK} = \dfrac{\alpha}{\beta} \times \dfrac{K}{L}$

$L, K \to 2배 \uparrow$
$q' = A \cdot (2L)^\alpha \cdot (2K)^\beta = 2^{\alpha+\beta} \cdot AL^\alpha \cdot K^\beta$
$\alpha + \beta = 1 : CRS$
$\alpha + \beta > 1 : IRS$
$\alpha + \beta < 1 : DRS$

※ 효용함수와 달리 생산함수에는 기수성이 부여되어 CRS / IRS / DRS 가 구분가능하다!

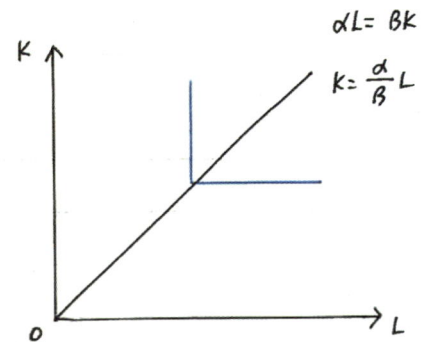

$q = \min(\alpha L, \beta K)$ (레온티에프)

$\alpha L = \beta K$
$K = \dfrac{\alpha}{\beta} L$

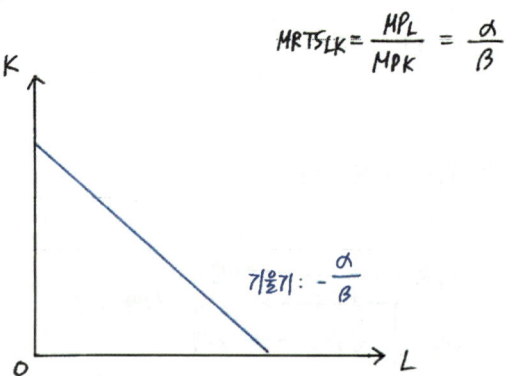

$q = \alpha L + \beta K$

$MRTS_{LK} = \dfrac{MP_L}{MP_K} = \dfrac{\alpha}{\beta}$

기울기 : $-\dfrac{\alpha}{\beta}$

03 비용극소화와 관련된 내용들

$TC = wL + rK$

이자율 ↕ r

(이자율 + 자본을 샀을 때 떨어져가는 부분)

ex) □ 100만원 → 감가상각률 10% → 10만원

<기업의 목표> $\underset{L,K}{Min}\ TC = wL + rK$ s.t. $q = f(L, K)$

등비용곡선

$-\dfrac{w}{r}$: 기울기

"등량곡선" : 특정 수량을 생산하기 위해 필요한 노동과 자본의 조합

foc : $\dfrac{w}{r} = MRTS_{LK} = \dfrac{MP_L}{MP_K}$

$\dfrac{MP_L}{w} = \dfrac{MP_K}{r}$

(요소들이 많아져도 마찬가지)

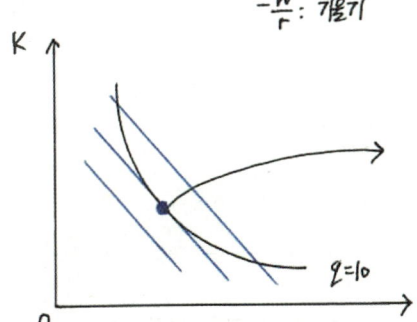

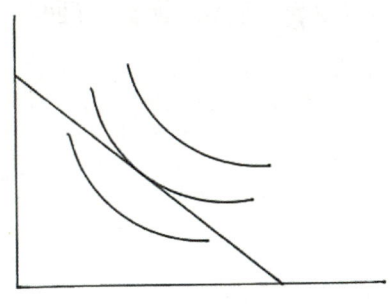

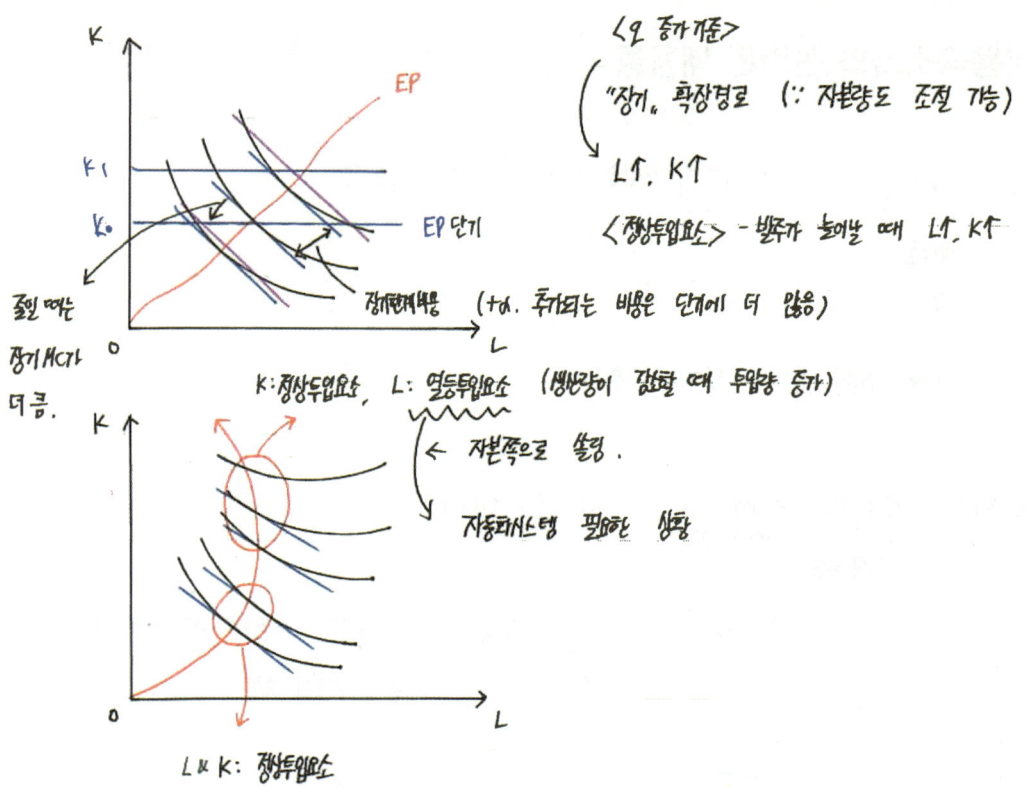

▶ 기술진보

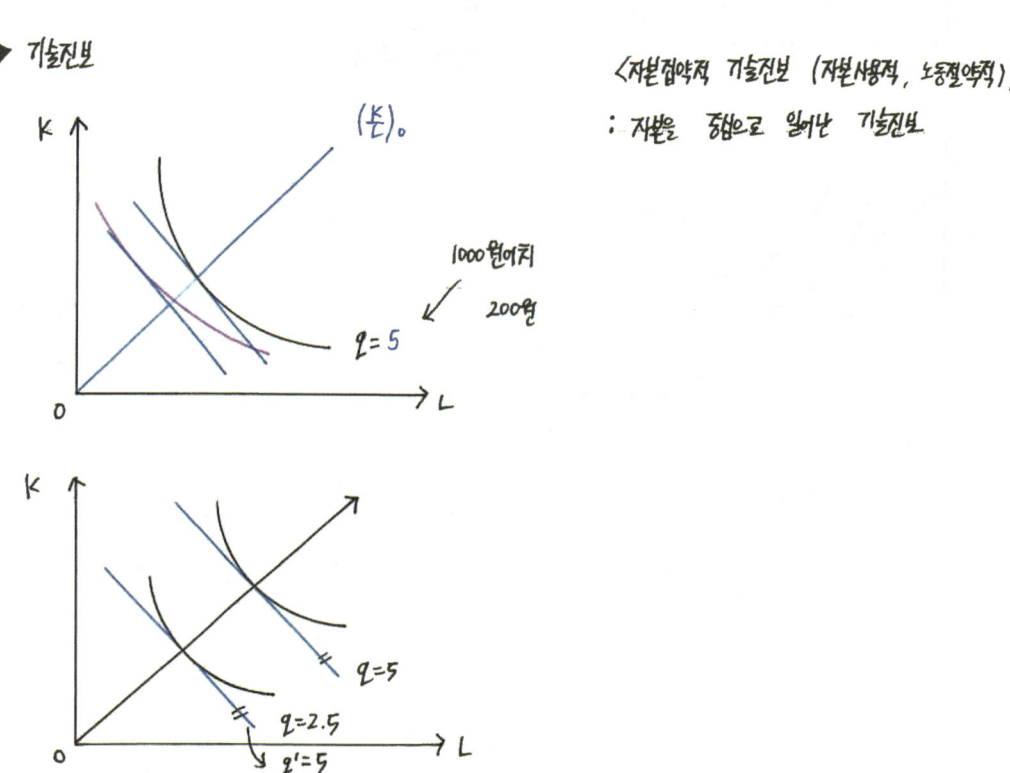

▶ 조건부 요소수요함수 (함수를 설정해서 구해보기)

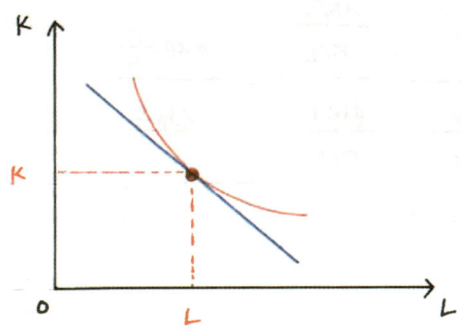

※ 힉스 수요함수와 구하는 방식이 동일함.

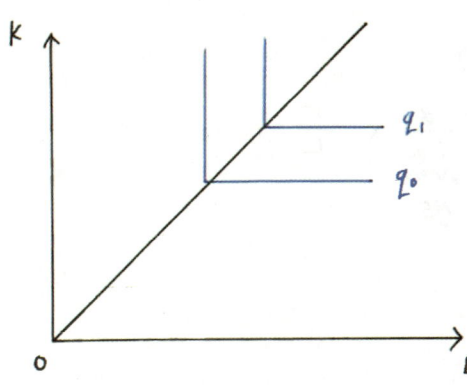
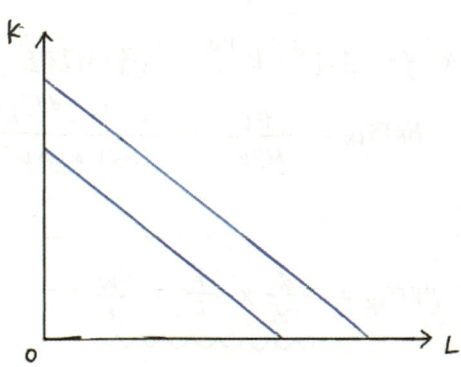

⟨선형 생산함수⟩
왼쪽) 세로축이 장기확장경로
오른쪽) 가로축이 장기확장경로

(Quiz) $\frac{w}{r} = MRTS_{LK}$ → 장기확장경로는 1사분면 전체

04 대체탄력성

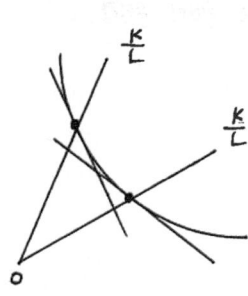

$$\sigma = \frac{\frac{dK/L}{K/L}}{\frac{dMRTS_{LK}}{MRTS_{LK}}} = \frac{\frac{dK/L}{K/L}}{\frac{dw/r}{w/r}} = \frac{d\ln\frac{K}{L}}{d\ln\frac{w}{r}}$$

foc: $MRTS_{LK} = \frac{w}{r}$

* $q = A \cdot L^{\alpha} \cdot K^{1-\alpha}$ (콥-더글라스 생산함수)

$MRTS_{LK} = \frac{MP_L}{MP_K} = \frac{\alpha \cdot A \cdot L^{\alpha-1} \cdot K^{1-\alpha}}{(1-\alpha) A L^{\alpha} K^{-\alpha}} = \underbrace{\frac{\alpha}{1-\alpha}}_{\text{상수}} \times \frac{K}{L}$

$MRTS_{LK} = \underbrace{\frac{\alpha}{1-\alpha} \times \frac{K}{L}}_{\sigma = 1} = \frac{w}{r}$

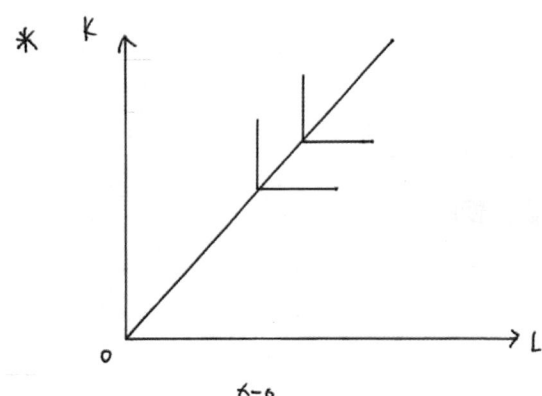

레온티에프함수에서는 MRTS 존재 X

$\sigma = 0$

* 선형 생산함수

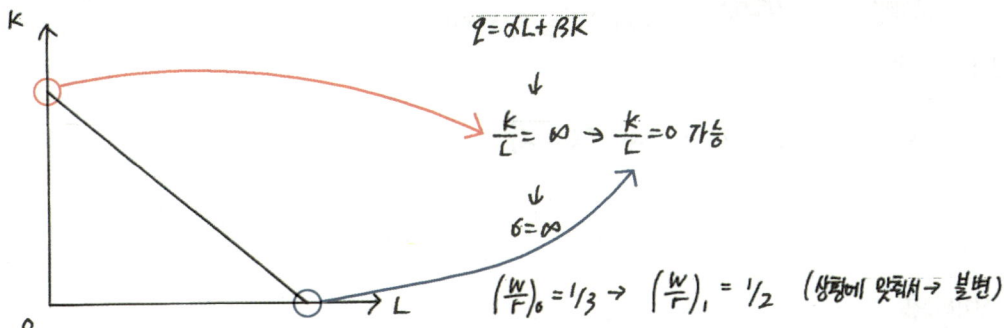

$Q = \alpha L + \beta K$

$\frac{K}{L} = \infty \to \frac{K}{L} = 0$ 가능

$\sigma = \infty$

$\left(\frac{W}{r}\right)_0 = 1/3 \to \left(\frac{W}{r}\right)_1 = 1/2$ (상황에 맞춰서 → 불변)

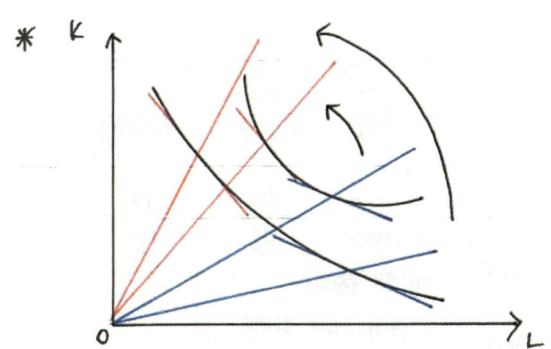

: 원점에 대한 볼록성이 크면 노동과 자본을 쉽게 대체할 수 없음. → 대체탄력성이 작다
" 작으면
" 있음 → " 크다

* CES 생산함수 (정의 체크해두기)
  대체탄력성이 일정한 함수, 동차함수

05 비용이론

* 경제적 비용 ≠ 회계적 비용
  + 암묵적 비용

* 고정비용 - 임대료, 전기세

※ L과 K만 고려

	고정비용	가변비용	
단기	rK	wL	ex) $TC = 2q + 100$
장기	X	wL + rK	ex) $TC = 2q$

▶ 단기비용함수
　　자본사용은 상수항

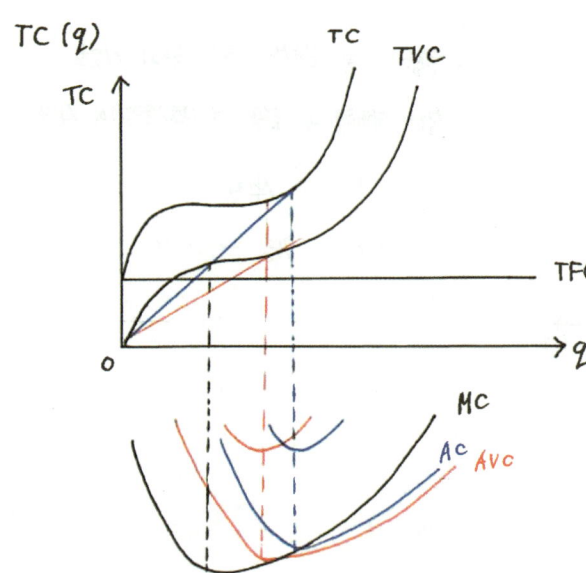

$$TC = TVC + TFC$$
　총비용　총가변비용　총고정비용

$$MC = \frac{dTC}{dq} = \frac{dTVC}{dq}$$
어디에서 측정해도
같아서 하나만 존재함.

$$AC = \frac{TC}{q} = \frac{TVC}{q} + \frac{TFC}{q}$$

$$= AVC + AFC$$
　　평균가변비용　평균고정비용

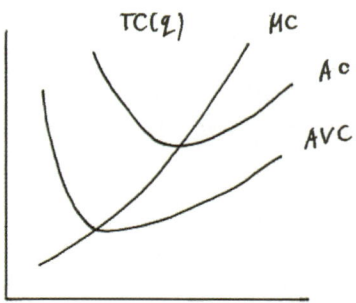

★ AC의 최저점에서는 반드시 MC가 위치함
　　AVC 　　〃

AFC = AC - AVC

★ AC와 AVC는
q가 늘록 (수직거리기준)
가까워진다.

∗ $MC = \dfrac{dTVC}{dq} = \dfrac{d(w)L}{dq}$ 상수 $= \dfrac{w \cdot dL}{dq} = \dfrac{w}{\frac{dq}{dL}} = \dfrac{w}{MP_L}$

$AVC = \dfrac{TVC}{q} = \dfrac{wL}{q} = \dfrac{w}{\frac{q}{L}} = \dfrac{w}{AP_L}$

∗ 단기비용함수 존재 → 장기비용함수는 단기비용함수보다 높은 비용일 수 없음.
  But 일치하는 점 하나 존재 (STC가 무조건 위에 존재)

∗ 장기비용함수

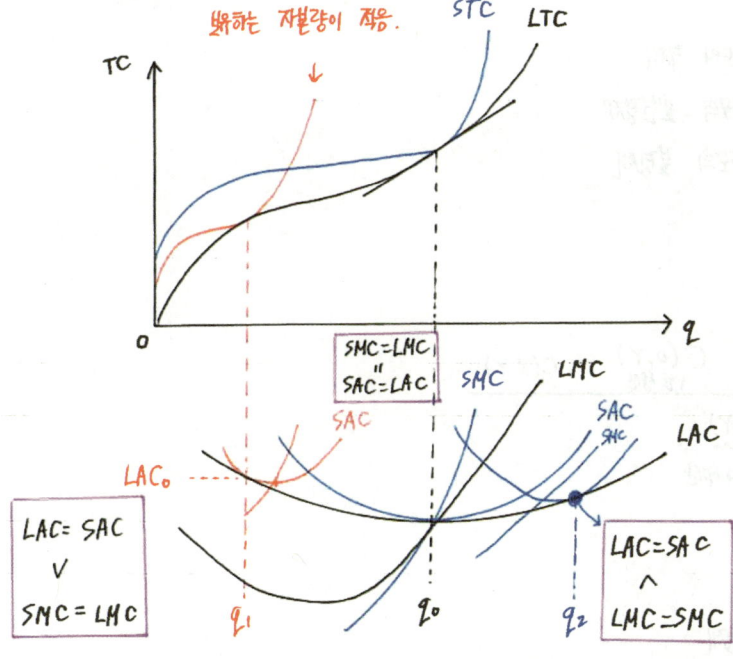

∗ 장기비용이 가장 낮은 곳에서 생산한다면 그 순간에서 SMC, SAC, LMC, LAC가 모두 일치

▶ 규모의 경제

L, K	Q		Q	TC
IRS	h배 ↑		규모의 경제	K배 ↓ →
h배 — CRS →	h배		K배 —불변경제→	K배 →
DRS	h배 ↓		규모의 불경제	K배 ↑ →

(→ AC curves for each: 규모의 경제, 불변경제, 규모의 불경제)

✱ CES 생산함수 → 동차함수 (동조성을 가짐)
  → 생산량이 2배, 3배 ... 100배 증가하도 $\frac{W}{r}$ 이 불변이면
  $\frac{K}{L}$ 는 바뀌지 않음.

✱ 동차함수일때만! IRS → 규모의 경제
  (시험출제↑)   CRS → 규모의 불변경제
           DRS → 규모의 불경제

▶ 범위의 경제

$$ES = \frac{\underset{X만\ 생산}{C(X,0)} + \underset{Y만\ 생산}{C(0,Y)} - C(X,Y)}{\underset{비용\ 동시생산}{C(X,Y)}}$$

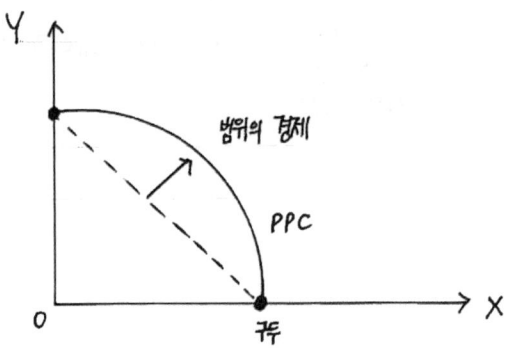

(Y축, X축 그래프: 범위의 경제, PPC, 극단)

▶ 학습효과

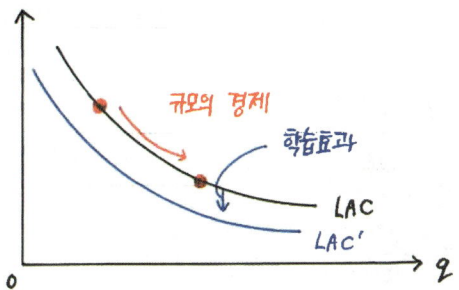

06 여러 생산함수 장기비용함수 및 특징 정리

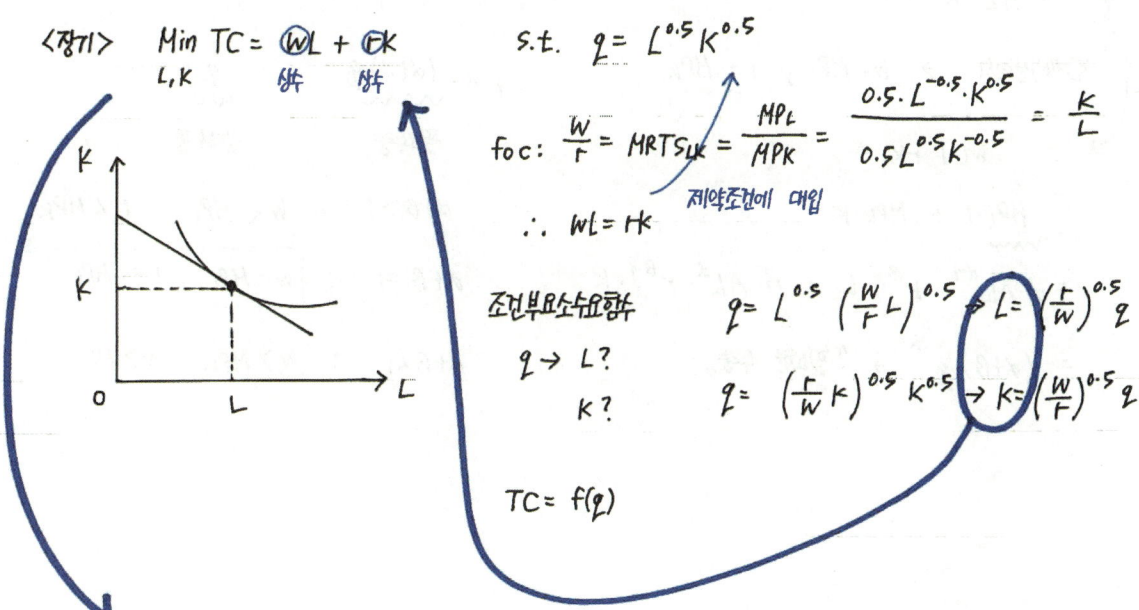

$$LTC = w \cdot \left(\frac{r}{w}\right)^{0.5} q + r \cdot \left(\frac{w}{r}\right)^{0.5} \cdot q$$
$$= 2\sqrt{w \cdot r} \, q$$

▶ 단기비용함수의 도출

K를 조절할 수 없음.

$$\text{Min } TC = wL + rK \quad \text{s.t.} \quad q = L^{0.5}K^{0.5}$$

L: 변수, w·r·K: 상수, 상수

빨: q

$$L = \frac{q^2}{K}$$

$$STC = w \cdot \frac{q^2}{K} + rK$$

▶ $q = AL^{\alpha}K^{\beta}$

"한계생산력설" → $w = MP_L$, $r = MP_K$

$wL + rK$

$MP_L \cdot L + MP_K \cdot K$

$= \alpha AL^{\alpha-1} \cdot K^{\beta} \cdot L + \beta \cdot AL^{\alpha} \cdot K^{\beta-1} \cdot K$

$= (\alpha + \beta) q$ ★ → "필요한 수량"

$P \times (\alpha+\beta)q \qquad q$

필요량   실제수량

$\alpha + \beta > 1$: $w < MP_L$, $r < MP_K$

$\alpha + \beta = 1$: $\boxed{w = MP_L, \ r = MP_K}$ ★

$\alpha + \beta < 1$: $w > MP_L$, $r > MP_K$

<완전경쟁시장> → 이윤이 0

"한계생산력설"

$$W_{(실질)} = \frac{W \text{ 명목임금} \quad 10\% \uparrow}{P \quad 10\% \uparrow}$$

$$\underset{실질}{W} = MP_L, \quad r = MP_K \quad \text{"1차 동차함수"}$$

$$\underset{명목}{W} = P \cdot MP_L, \quad R = P \cdot MP_K$$

* $\underset{L,K}{Min\ TC} = wL + rK \quad s.t. \quad q = \min(\alpha L, \beta K)$
$\qquad\qquad\qquad\qquad\qquad\quad q = \min(L, 2K)$

foc: $\alpha L = \beta K = q$

$L = \frac{q}{\alpha}, \quad K = \frac{q}{\beta}$

② $TC = \frac{w}{\alpha}q + \frac{r}{\beta}q = \left(\frac{w}{\alpha} + \frac{r}{\beta}\right)q$

* $Min\ TC = wL + rK \quad s.t. \quad q = \alpha L + \beta K$

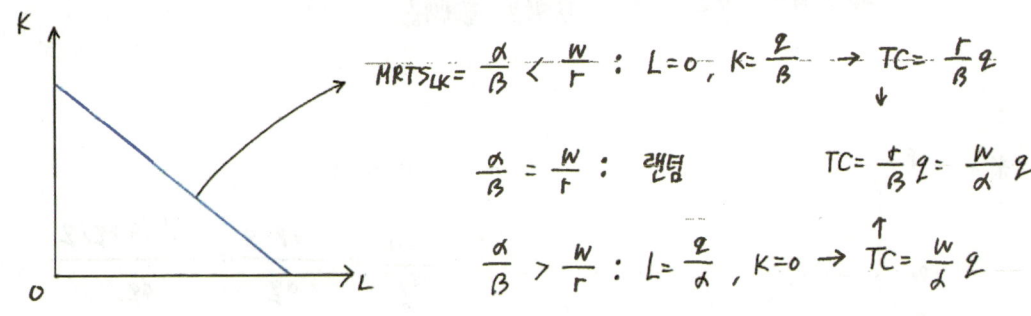

$MRTS_{LK} = \frac{\alpha}{\beta} < \frac{w}{r} \ : \ L = 0, \ K = \frac{q}{\beta} \to TC = \frac{r}{\beta}q$

$\frac{\alpha}{\beta} = \frac{w}{r} \ : \ 랜덤 \qquad TC = \frac{r}{\beta}q = \frac{w}{\alpha}q$

$\frac{\alpha}{\beta} > \frac{w}{r} \ : \ L = \frac{q}{\alpha}, \ K = 0 \to TC = \frac{w}{\alpha}q$

Chapter 5 시장이론

01 기업의 이윤극대화

$$\text{Max } \pi = \underbrace{TR}_{\text{총수입}} - \underbrace{TC}_{\text{총비용}} \quad \begin{matrix} TC = f(q) \\ TC = wL + rk \end{matrix}$$

★ q (개별기업 생산량)
   L (고용량)
   K (자본량)

ex) 자전거   300대 = P = 300,000 = MR > MC = 250,000

$$\frac{dTR}{dQ} = MR \text{ (한계수입)}$$

or

$MR = 300,000 \qquad MC = 350,000$

∴ $MR > MC : q \uparrow$
  $MR < MC : q \downarrow$ $\Big\} \rightarrow MR = MC$
  한계수입 한계비용

★

$P = a - bQ$ 암기!

$$\frac{dTR}{dq} = \frac{dP \cdot q}{dq} = \frac{d(a-bq)q}{dq}$$

$$= \frac{d(aq - bq^2)}{dq}$$

$MR \begin{matrix} >0 \\ =0 \\ <0 \end{matrix}$

$MR = a - 2bq$

늘어난 총수입

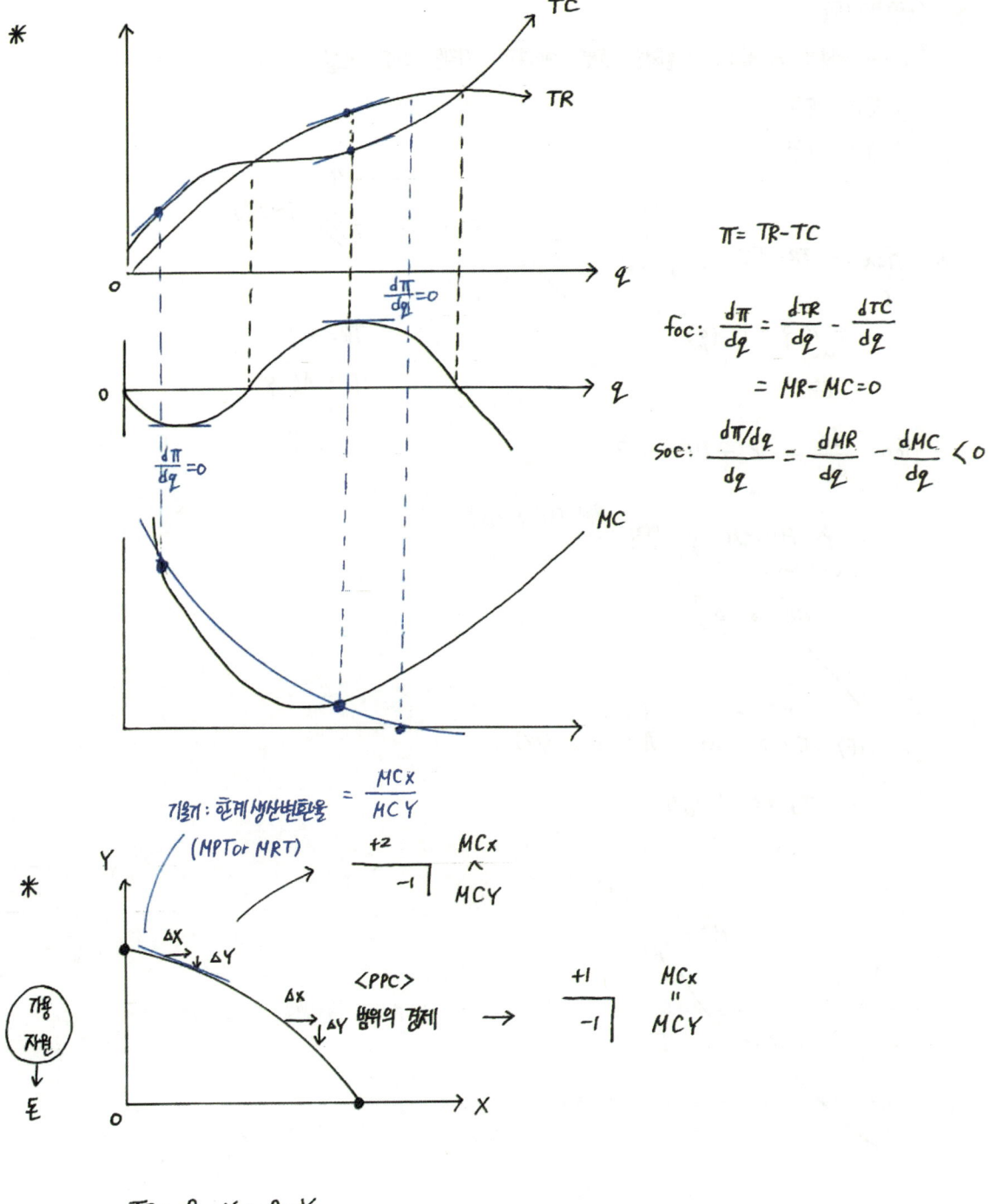

※ 〈완전경쟁시장〉

"진입과 이탈이 자유롭다,, → 손해를 보면 빠지고 이익을 보면 진입

- 단기: 손해를 봄.
- 장기: 이윤 = 0

※ $\text{Max } \pi = TR - TC$ s.t. $P = \bar{P} \leftarrow P_{시장}$ ......

$\quad q$

$\quad = \bar{P} \cdot q - TC(q)$

상수

$foc: \dfrac{d\pi}{dq} = P - MC = 0$

∴ $P = MC$ 에서 q 결정   향상 (단기 & 장기)

$MC \to q_i^s$

if) $\pi_i > 0$ ($P > AC$) or $\pi_i < 0$ ($P < AC$) : 단기

$\pi_i = 0$: 장기
$P = AC$

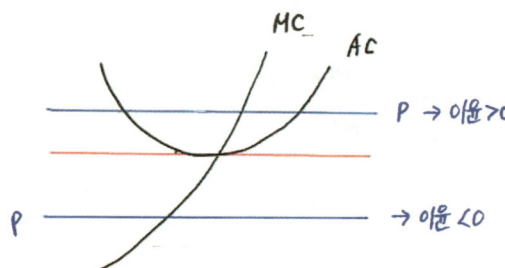

$P \to$ 이윤 > 0

$P \to$ 이윤 < 0

∴ AC의 최저점을 구해야 함!

ⓔⓧ $P = 40 - Q_D$ ㉾ ① $P_{장기}$ 도출

$TC = q^2 + 4$ $Q = 36$ $q = 2$

$P_{장기} = 4$, 기업수 $= 18$ ※ 장기/단기를 물어보는지 구별하기!

$P_{장기} \to AC$의 최저값

$\underset{q}{\text{Min}} AC = q + \frac{4}{q}$

foc: $\frac{dAC}{dq} = 1 - \frac{4}{q^2} = 0$

ⓔⓧ $\underset{L,K}{\text{Min}} TC = 2L + 2K$ s.t. $q = \frac{1}{100} L^{0.5} K^{0.5}$

foc: $1 = MRTS_{LK} = \frac{MP_L}{MP_K} = \frac{0.5 \cdot \frac{1}{100} \cdot L^{-0.5} \cdot K^{0.5}}{0.5 \cdot \frac{1}{100} \cdot L^{0.5} \cdot K^{-0.5}} = \frac{K}{L}$

∴ $L = K$

$q = \frac{1}{100} L^{0.5} K^{0.5}$

$L = 100q$

$K = 100q$

$LTC = 400q$

$LAC = 400$

$P_{장기} = 400$ $Q = 600$

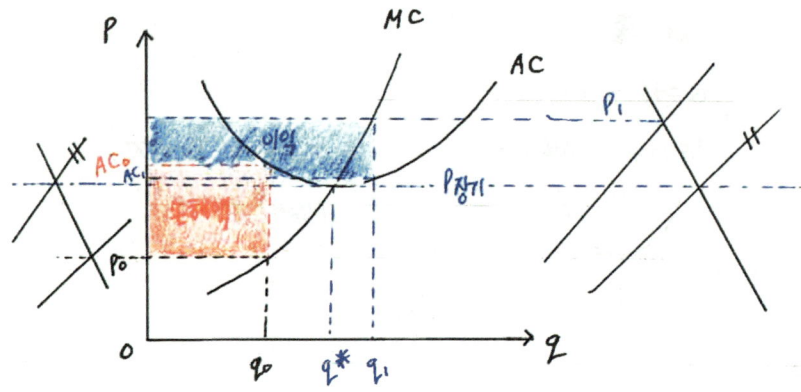

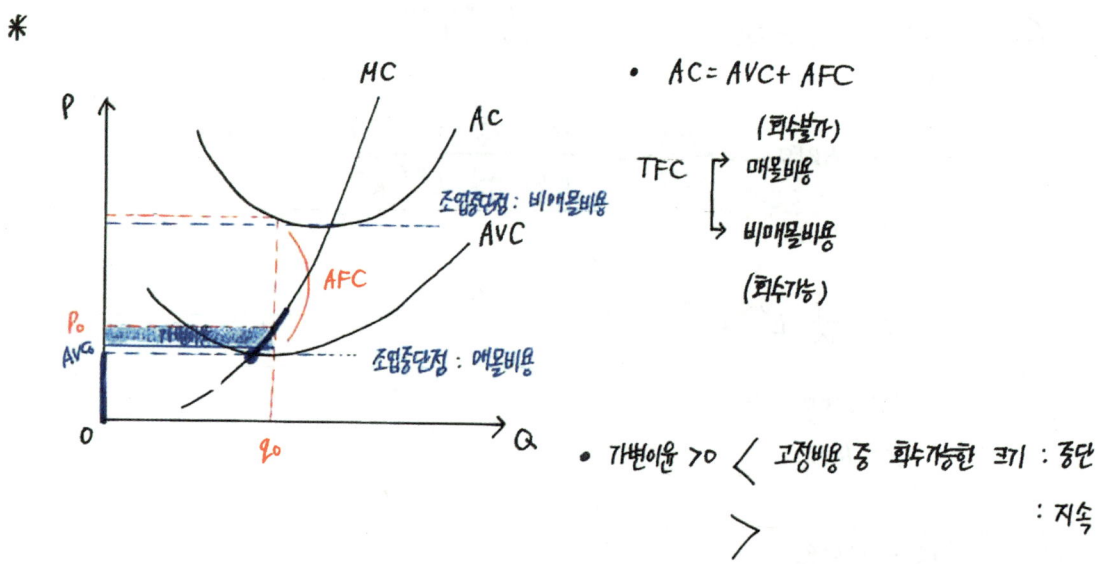

- $AC = AVC + AFC$
  (회수불가)
  TFC → 매몰비용
       → 비매몰비용
       (회수가능)

- 가변이윤 >0 < 고정비용 중 회수가능한 크기 : 중단
                                          > : 지속

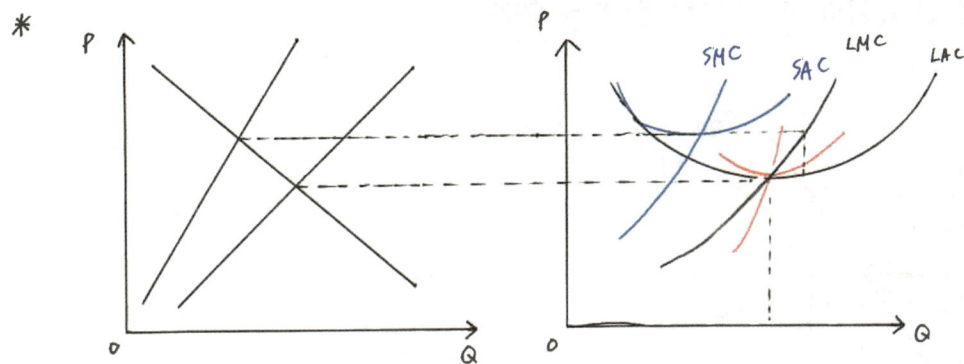

05 장기균형에서 정부 조세 부과의 효과

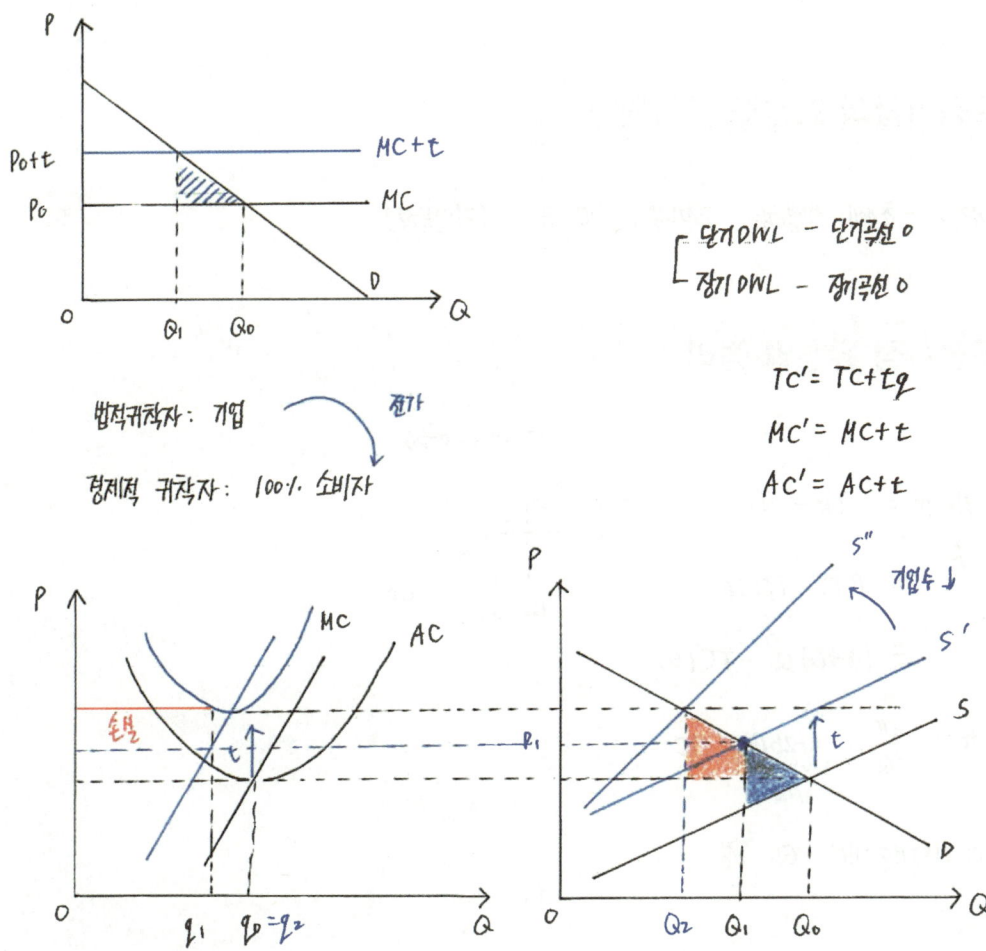

06 완전경쟁시장에서 생산자 잉여의 실체

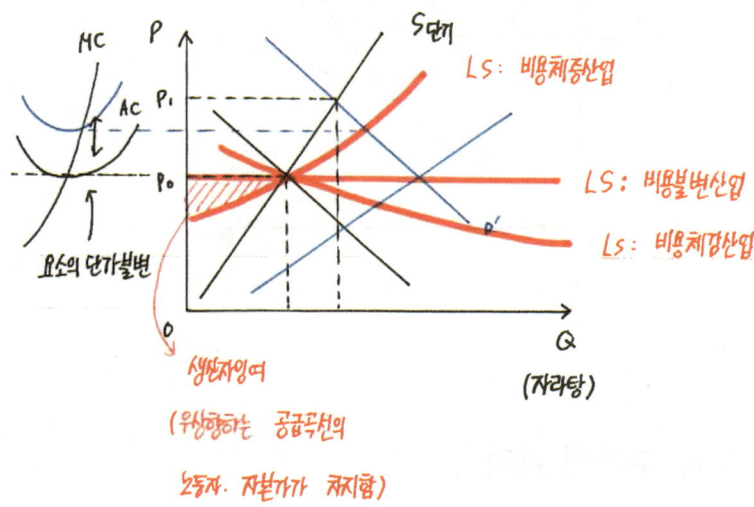

생산자잉여
(우상향하는 공급곡선의
2등자. 자본가가 차지함)

07 독점기업의 조건과 발생원인

<독점기업> - 초기에 발생하는 고정비용이 너무 큼. (자연독점)

08 독점시장 유형별 정리

$$Max\pi = TR - TC(Q) \quad s.t. \; P = a-bQ$$

$$= P \cdot Q - TC(Q)$$

$$= (a-bQ)Q - TC(Q)$$

$$foc: \frac{d\pi}{dQ} = \underbrace{a-2bQ}_{MR} - MC = 0$$

∴ MR=MC 에서 Q 결정

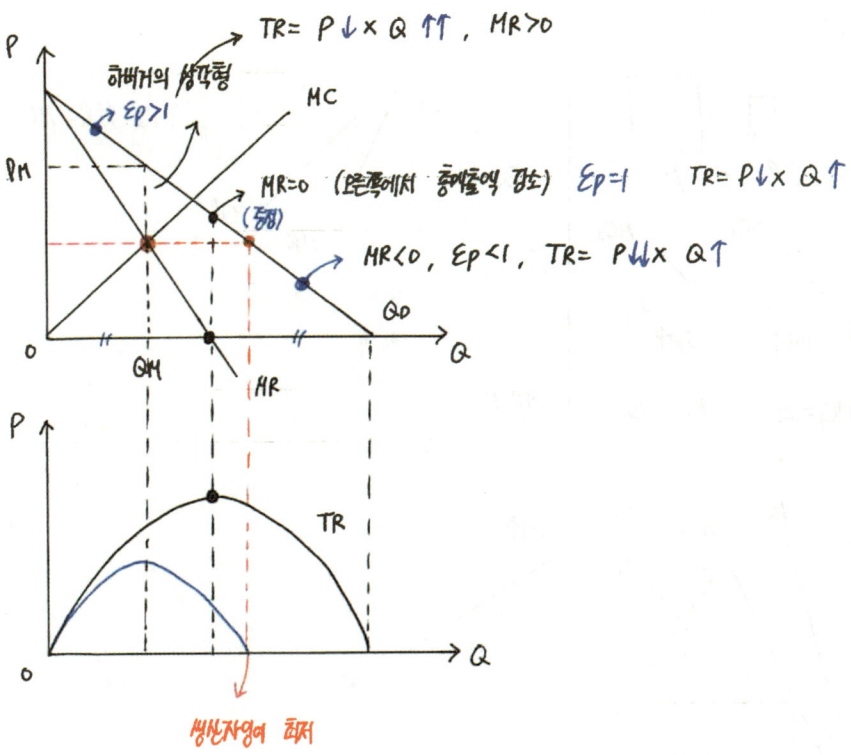

▶ 다공장 독점

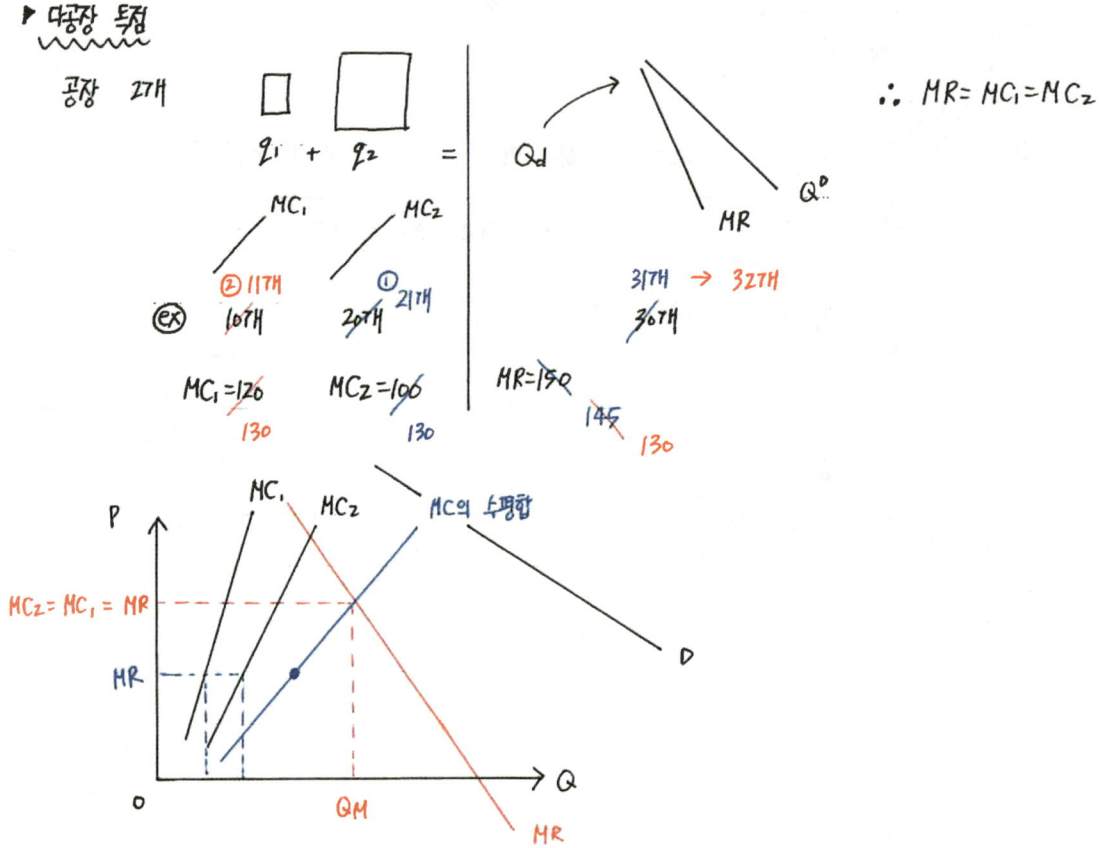

$$* \text{Max}\,\pi = TR - TC_1 - TC_2 \quad s.t. \quad P = a - bQ^d$$
$$q_1, q_2 \quad \downarrow \quad \downarrow$$
$$ f(q_1) \quad g(q_2)$$

$$= PQ - TC_1(q_1) - TC(q_2)$$

$$= (a-bQ)Q = (a-bq_1-bq_2)(q_1+q_2) - TC_1 - TC_2$$

바꿔주기! (실수방지)

*

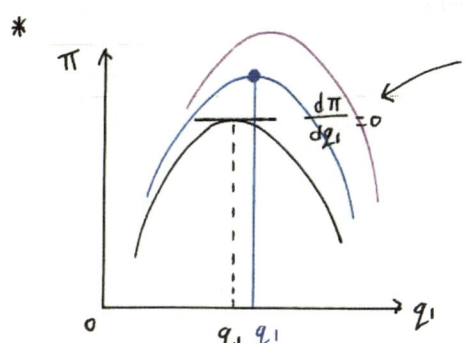
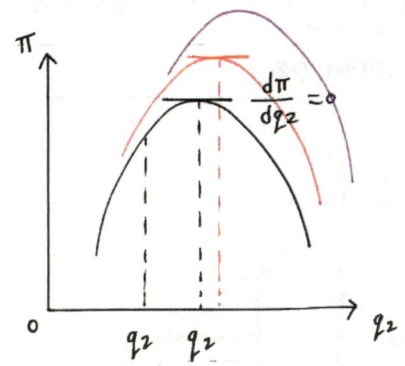

가정: $\overline{q_2}$

foc: $\dfrac{d\pi}{dq_1} = \boxed{a - 2bq_1 - bq_2 - bq_2} - MC_1 = 0$

$\dfrac{d\pi}{dq_2} = \boxed{a - bq_1 - bq_1 - 2bq_2} - MC_2 = 0$

$\parallel$
MR

▶ 가격차별

<1급 가격차별> - 현실에서 찾기 어렵다! 소비자들이 자신의 선호를 솔직하게 드러내지
않는 이상 발생하기 힘듦.

→ 자중손실이 발생하지 않아 "효율적이다"
but "형평성"에 문제가 있다. (소비자에게 불리)

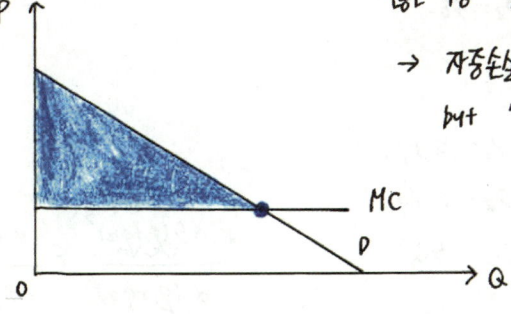

<２급 가격차별> : 거래 주체별로 가격을 별도로 매김도 해당

1급 가격차별 완화

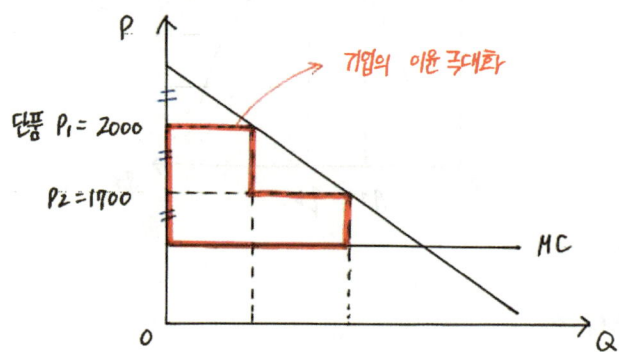
단품 $P_1 = 2000$
$P_2 = 1700$
기업의 이윤 극대화
MC

<３급 가격차별> : 수요곡선이 ２개 이상일 때 각 시장별로 다른 가격을 책정하는 것

(가정) : 전매 불가

$MR_1 = MR_2 = MC$

$q_1 + q_2 = 100$

$MR_1 = MR_2$

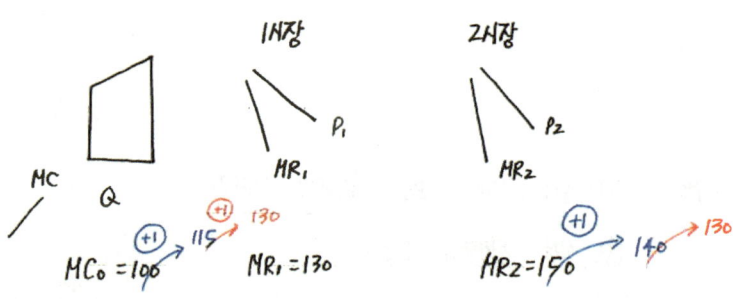

1시장, 2시장
$MC_0 = 100$, $MR_1 = 130$, $MR_2 = 150$

(계산) $Max \pi = TR_1 + TR_2 - TC$, s.t. $P_1 = a - bq_1$
q_1, q_2 $\qquad\qquad\qquad\qquad\qquad\qquad\quad P_2 = c - dq_2$
$\quad = P_1 q_1 + P_2 q_2 - 5Q^2 \qquad TC = 5Q^2$

$\quad = (a-bq_1)q_1 + (c-dq_2)q_2 - 5(q_1+q_2)^2$

foc : $\dfrac{d\pi}{dq_1} = \underbrace{a - 2bq_1}_{MR_1} - \underbrace{10(q_1+q_2) \times 1}_{MC} = 0$
<편미분>

$\dfrac{d\pi}{dq_2} = \underbrace{c - 2dq_2}_{MR_2} - \underbrace{10(q_1+q_2)}_{MC} = 0$

$* \dfrac{d5(q_1+q_2)^2}{d(q_1+q_2)} \times \dfrac{d(q_1+q_2)}{dq_1}$
$\qquad\quad\; A \qquad\qquad\quad A$

▶ 시점간 가격차별

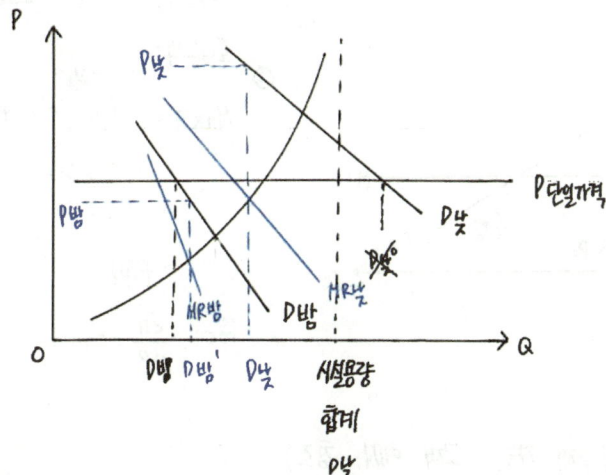

1. 밤과 낮의 수요편차 해소
2. 과부하 방지

▶ 시점간 가격차별

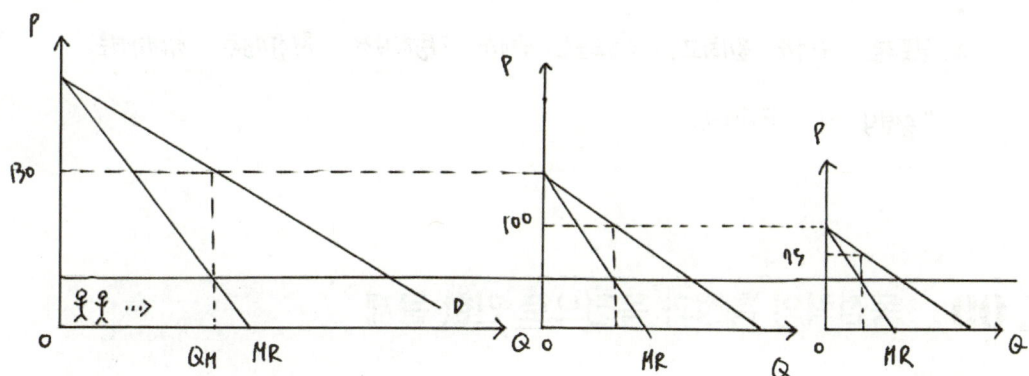

▶ 이부가격 (회원료 + 단가를 조금 낮춰서 사용할 때마다 금액 지불)

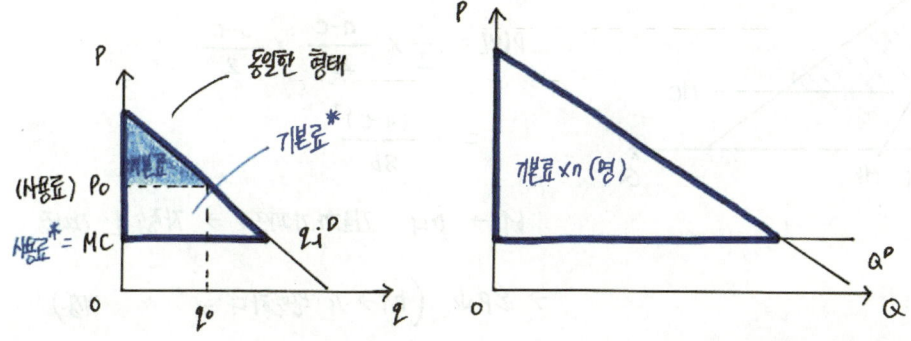

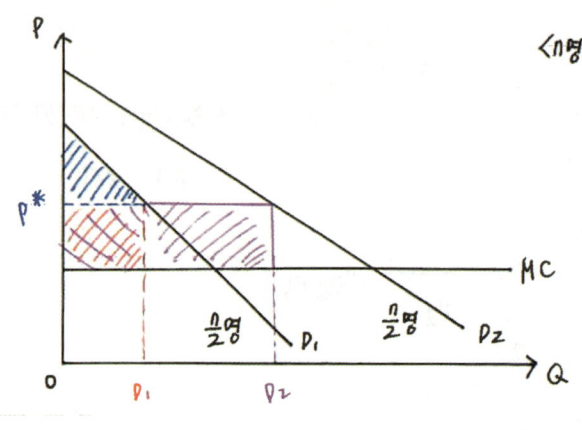

▶ 묶어팔기와 끼워팔기 (단독 출제 가능, 교재 예시 참조)

∗ Tip : 커피는 B가 높은 편익을 부여하고, 케이크는 A가 높은 편익을 부여하기 때문에 묶어서 팔았을 때 이윤이 상승함.

∗ 단품으로 구매가 불가하고, 묶음으로만 구매가 가능하다면 책정가능한 최대가격은 "총편익"의 크기이다.

09 독점력의 측정과 독점으로 인한 문제

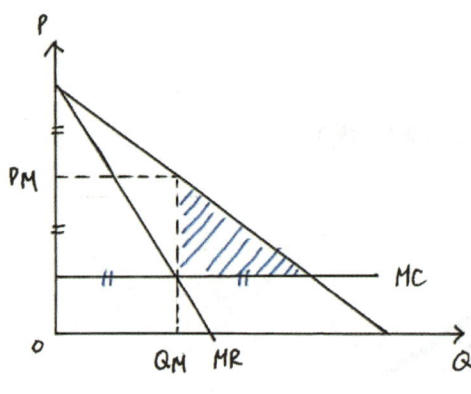

$P = a - bQ$, $MC = c$
$MR = a - 2bQ = c = MC$
$Q^* = \dfrac{a-c}{2b}$, $P^* = \dfrac{a+c}{2}$

$DWL = \dfrac{1}{2} \times \dfrac{a-c}{2b} \times \dfrac{a-c}{2}$

$= \dfrac{(a-c)^2}{8b}$

$b\uparrow \to$ D의 기울기가 가파르다 $\to$ 자중손실 작아짐
$\to E_p \downarrow$ ($b\uparrow \to$ " 편안하다 $\to$ " 커짐)

▶ 독점력 측정방식

<러너의 독점도> $\dfrac{P-MC}{P}$ ⇌데이터⇌ $\dfrac{P-MR}{P}$ <확> → $\dfrac{P-P(1-\frac{1}{E_P})}{P} = \dfrac{1}{E_P}$

$MR = \dfrac{dTR}{dQ} = \dfrac{dP \cdot Q}{dQ} = P + \dfrac{dP}{dQ} \cdot Q \cdot \dfrac{P}{P} = P\left(1-\dfrac{1}{E_P}\right)$

$E_P = -\dfrac{dQ}{dP} \times \dfrac{P}{Q}$

★암기 $MR = P\left(1-\dfrac{1}{E_P}\right)$

<3급 가격차별>

cf) $MR_1 = MR_2$

$P_1\left(1-\dfrac{1}{E_{P^1}}\right) = P_2\left(1-\dfrac{1}{E_{P^2}}\right)$

$E_{P^1} > E_{P^2}$
↓
$P_1 < P_2$

<허핀달 - 허쉬만 지수>

　　　A　　B　　C
$H = (40\%)^2 + (20\%)^2 + (15\%)^2 \cdots$

▶ 조세부과 시 소비자의 귀착문제

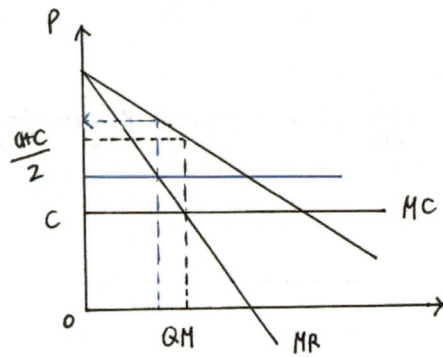

$P = \dfrac{a+c}{2}$ $MC_0 + t = MC_1$, $P' = \dfrac{a}{2} + \dfrac{c}{2} + \dfrac{t}{2}$

$\quad\quad\quad\quad\quad\quad \underset{c}{\parallel} \rightarrow \underset{c+t}{\parallel}$

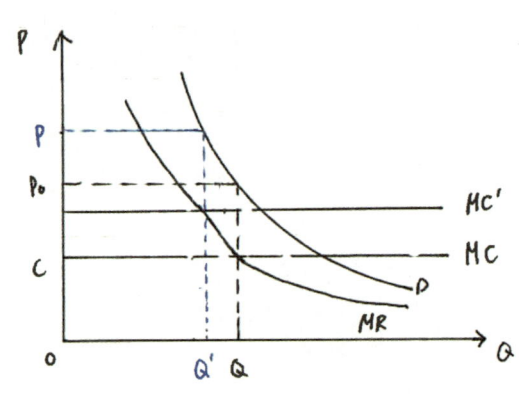

* $P = \dfrac{a}{\sqrt{Q}}$ → $Q = \dfrac{a^2}{P^2}$ (가격탄력성이 2로 일정함)

$MR = \dfrac{dTR}{dQ} = \dfrac{dP \cdot Q}{dQ} = \dfrac{d\,a\sqrt{Q}}{dQ} = \dfrac{a}{2\sqrt{Q}}$

$MR = \dfrac{a}{2\sqrt{Q}} = C = MC$

$Q^* = \left(\dfrac{a}{2c}\right)^2$, $P = 2c$
$\quad\quad\quad\quad\quad\quad\quad\;\; \downarrow$
$\quad\quad\quad\quad\quad\quad P_1 = 2c + 2t$

$MC_0 = C$
$MC_1 = C + t$

10 독점력 해소방안

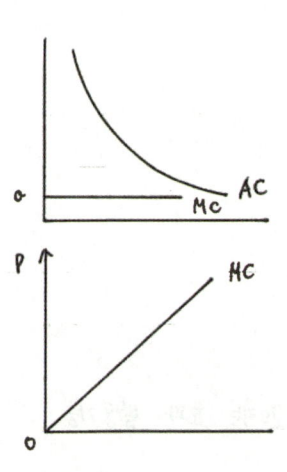

$TC = aQ + B$
$AC = a + \dfrac{B}{Q}$

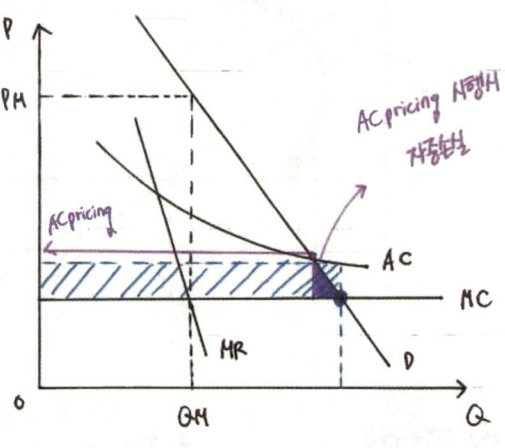

1. MC pricing
   (→ 사업적자 → Q=0, Max DWL

2. " 대안
   ① 보조금 → 다른 곳에 증세가 필요
      → DWL ↑↑
   ② AC pricing → DWL 어느 정도 잔존
      MinTC 노력을 소홀히 할 가능성 존재
   ③ 이부가격 → 작은 가입비를 허용

▶ 이중가격

(i)

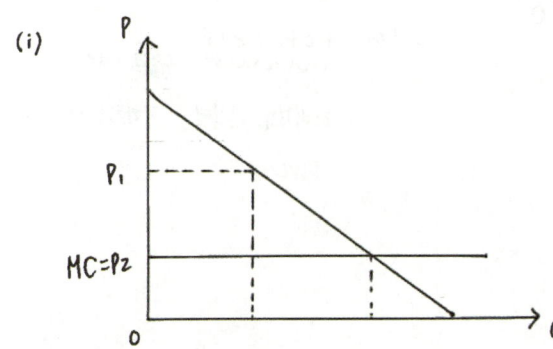

→ 형평성 문제 발생함.

(ii)

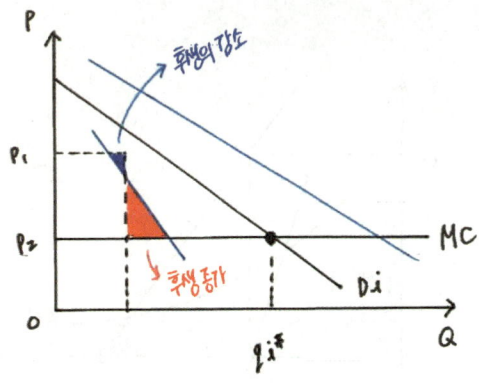

→ 형평성문제 도 발생함.

⑤ 수익률규제
$\begin{cases} 100\% & \begin{array}{c} P=200 \\ \uparrow \\ MC=100 \end{array} \rightarrow \begin{array}{c} P=360 \\ MC=180 \end{array} \end{cases}$ → 요소시장에 교란을 일으키는 효과 발생가능

〈국유화〉

〈잠재적 진입자의 고정비용 보조〉 → 효율성은 떨어짐.

〈무역 개방〉

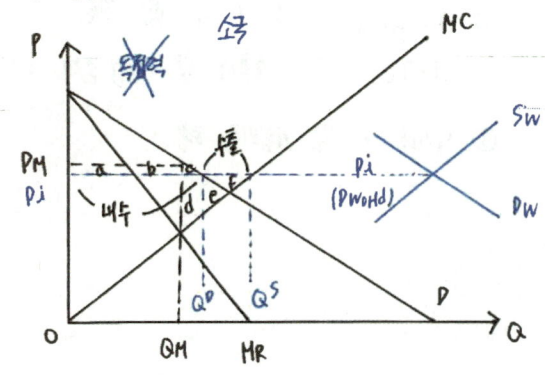

{국제경제학} ⎡ 소규모 개방경제
　　　　　　⎣ 대국

ΔCS : $+a+b+c$

ΔPS : $-a-b+d+e+f$

ΔSW : $+c+d+e+f$
　　　　　~~~~~ 수출로 인해
　　하버거의 삼각형　증가하는 잉여
　　DWL

11 독점적 경쟁시장

"진입과 이탈이 자유롭다." → 장기이윤이 0
현실적으로는 수요곡선과 비용구조가 다르다!

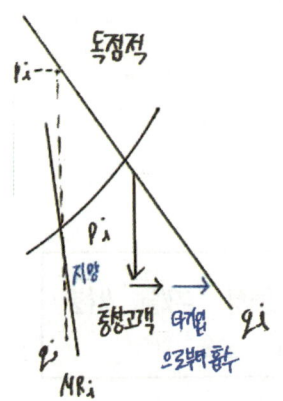

경쟁시장

$\pi_{단기} > 0$ or $\pi_{단기} < 0$ 일수도 있다.

$\pi_{장기} = 0$ ∴ $P_{장기} = AC$

※ 개별기업의 수요곡선을 수평합한게 전체수요곡선이 아니다! (개별적으로 해주기)

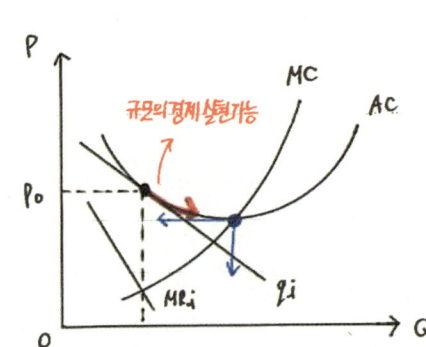

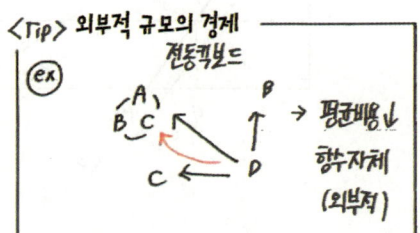

〈Tip〉 외부적 규모의 경제
전동킥보드
→ 평균비용 ↓
함수자체
(외부적)

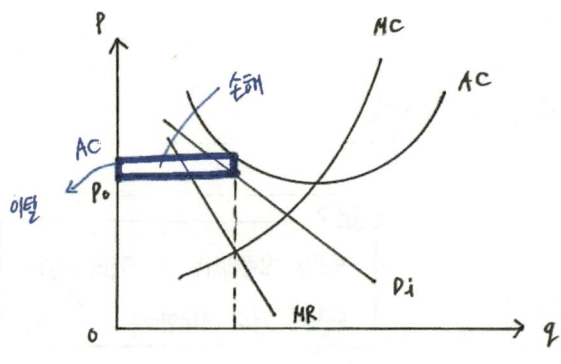

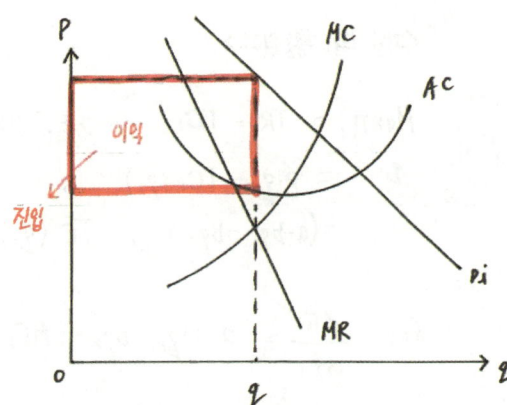

12 과점시장의 전제 및 기본

13 수량경쟁 하 2개의 기업을 가정할 때의 과점시장

▶ 꾸르노 모형

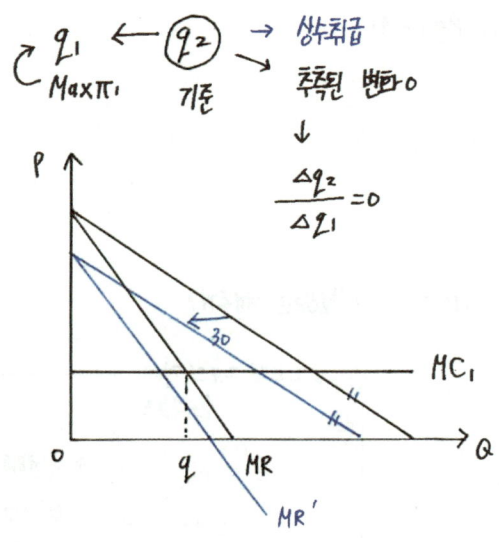

<가정>
상대방이 수량을 정하면 그것을 상수로
간주하여 이윤극대화 추구

$*\ P = a - bQ_d \quad Q = q_1 + q_2$

$MC = AC = 0$

<기업 1의 행동원리>

$Max\pi_1 = TR_1 - TC_1 \quad s.t.\ P = a-bQ,\ Q = q_1 + q_2$

$\pi_1 = P \cdot q_1 - TC_1(q_1)$

$\quad = (a - bq_1 - bq_2)\,q_1 - TC(q_1)$

$foc: \dfrac{d\pi_1}{dq_1} = a - 2bq_1 - bq_2 - MC_1 = 0$

<중요>
꾸르노 모형에서는 두 기업이 서로의
수량을 상수 취급한다!

$q_1 = -\dfrac{q_2}{2} + \dfrac{a}{2b} \cdots R_1\ ,\quad q_2 = -\dfrac{q_1}{2} + \dfrac{a}{2b} \cdots R_2 \quad \Rightarrow\ Q = -\dfrac{1}{2}Q + \dfrac{a}{b}$

▶ 슈타켈버그 모형 (선도자·추종자 존재)

$q_2 = -\dfrac{q_1}{2} + \dfrac{a}{2b}$ ··· R_2 (추종자)

수량을 정하면 바꾸지 않음.

↓

기업 1의 행동원리 (선도자)

$Max\, \pi_1 = TR_1 - TC_1$, s.t. $P = a - bQ$, $Q = q_1 + q_2$, R_2

$= (a - bq_1 - bq_2)\, q_1 - TC_1$

$= \left[(a - bq_1 - b\left[-\dfrac{q_1}{2} + \dfrac{a}{2b} \right] \right] q_1 - TC_1$

foc: $\dfrac{d\pi_1}{dq_1} = 0$

<문제풀이>
① 추종자 반응함수 찾기
② 기업 1의 목적식에 대입
 → $q_1 =$ 상수 찾기

▶ 카르텔 모형

$P = a - bQ_d$, $Q = q_1 + q_2$
$MC = AC = 0$ $PQ = P(q_1 + q_2)$

$\underset{q_1, q_2}{Max}\, \pi_{공} = TR_1 + TR_2 - TC_1 - TC_2$ s.t. $P = a - bQ$, $Q = q_1 + q_2$

$= (a - bq_1 - bq_2)(q_1 + q_2) - TC_1(q_1) - TC_2(q_2)$

foc: $\dfrac{d\pi}{dq_1} = 0$ & $\dfrac{d\pi}{dq_2} = 0$

$q_1 = q_2 = \square$

$q_1 = -\dfrac{q_2}{2} + \dfrac{a}{2b}$

$R_2:\ q_2 = -\dfrac{q_1}{2} + \dfrac{a}{2b}$

〈유한반복게임〉

: 용의자의 딜레마

"역진귀납적"

〈무한반복게임〉

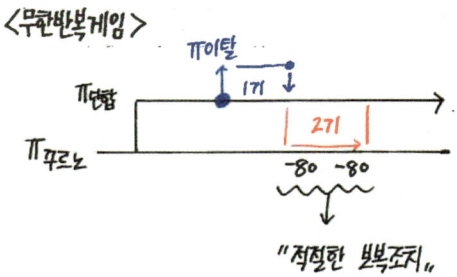

"적절한 보복조치"

〈내쉬균형〉- 이탈 유인이 없는 균형 → 카르텔은 무한반복게임일 때 가능
- 꾸르노
- 슈타켈버그

14 그래프를 통한 과점시장 대표모형의 이해

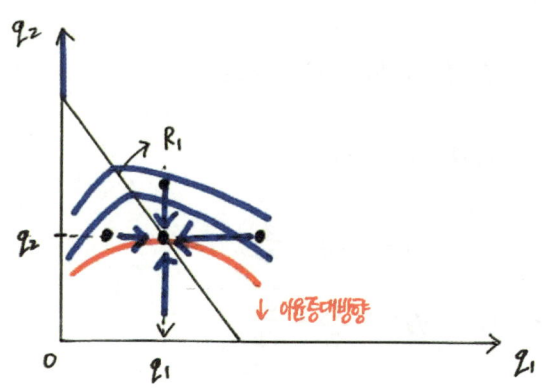

$q_1 = -\dfrac{q_2}{2} + \dfrac{a}{2b} \cdots R_1$

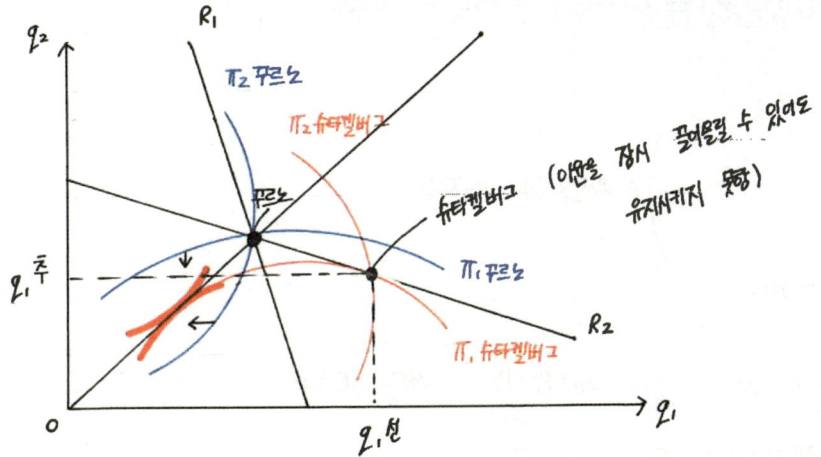

<p.118 수량평면에서 꾸르노·슈타켈버그·카르텔 균형>

15. 2개의 기업을 가정할 때의 베르뜨랑 모형

$P_1 = P_2$
↓↓ ↓↓
 ↓   ↓
  ↓ ↓
──────── MC

} → 완전경쟁과 비슷해짐.

ex) $q_1 = 20 - P_1 + P_2$, $q_2 = 20 + P_1 - P_2$, $MC = AC = 0$

⟨기업 1의 행동원리⟩

$\text{Max } \pi_1 = TR_1 - TC_1 \quad \text{s.t. } q_1 = 20 - P_1 + P_2$

$\pi_1 = P_1 \cdot q_1 - TC_1(q_1)$

$= P_1(20 - P_1 + P_2) - TC_1(q_1) \overset{=0}{}$

foc: $\dfrac{d\pi_1}{dP_1} = 20 - 2P_1 + P_2 = 0$

∴ $P_1 = 10 + \dfrac{P_2}{2} \cdots R_1$, $P_2 = 10 + \dfrac{P_1}{2} \cdots R_2$, $P_1 = P_2 = 20$, $q_1 = q_2 = 20$

↪ $= P_1\left(20 - P_1 + \left[10 + \dfrac{P_1}{2}\right]\right) - TC_1(q_1)\overset{"0"}{}$

foc: $\dfrac{d\pi_1}{dP_1} = 30 - P_1 = 0$ → $P_1 = 30$, $P_2 = 25$, $q_1 = 15$, $q_2 = 25$

$\pi_1 = 450$, $\pi_2 = 625$

※ $\text{Max } \pi = \pi_1 + \pi_2 \qquad \text{s.t. } q_1 = 20 - P_1 + P_2$

$= TR_1 + TR_2 - TC_1 - TC_2 \qquad q_2 = 20 + P_1 - P_2$

$= P_1(20 - P_1 + P_2) + P_2(20 + P_1 - P_2)$

$- TC_1 - TC_2$
 "0" "0"

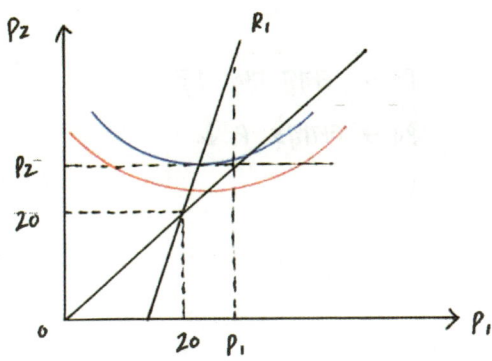

16 그 외의 과점시장과 관련된 이론들

▶ 가격선도모형

$\begin{cases} P = MC = 2+q \\ P = 2+q \quad (100개) \\ \vdots \end{cases}$

$100P = 200 + 100q$

$\Rightarrow Q^S_{균소}$

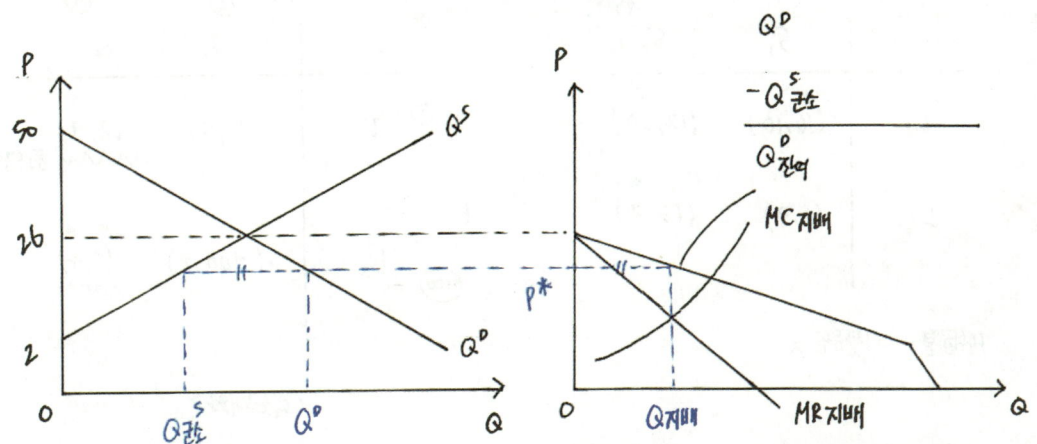

"잔여수요곡선": 지배적 기업이 확실하게 팔 수 있는 수량을 나타내는 곡선

▶ 굴절수요곡선

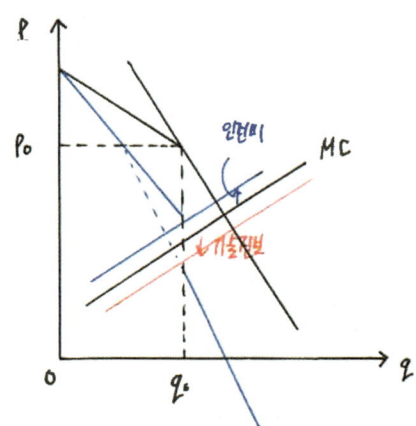

$P\uparrow \to$ 타기업 관망 ($\overline{P}$)
$P\downarrow \to$ 타기업도 $P\downarrow$

▷ 비용할증 가격설정방식

$$\frac{P-AC}{AC} = \frac{P-MC}{MC}$$

P
$\begin{cases} \times 6 \\ \square = 1000 \end{cases}$

17 동시게임

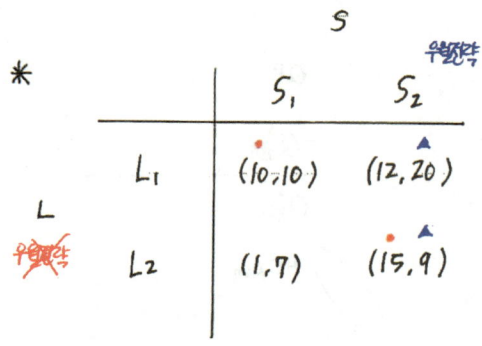

내쉬균형 = 이탈유인 X

⟨최소극대화⟩

※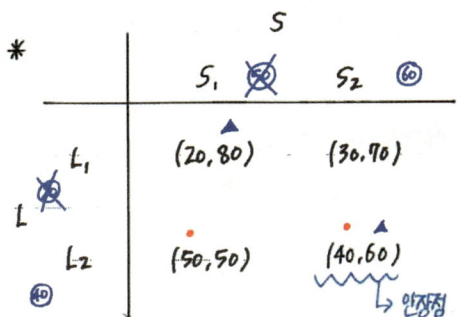

▶ 반복우월전략게임

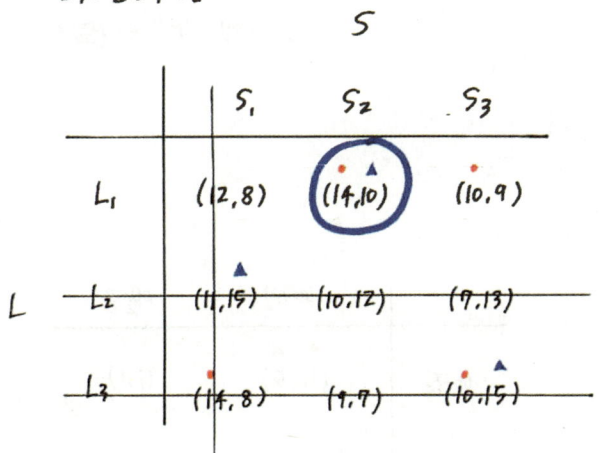

18 순차게임

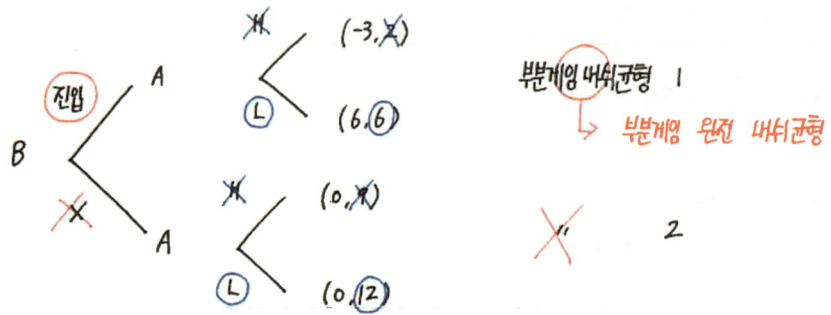

<신빙성 없는 공약> "진입하면 H"

부분게임 내쉬균형 1
　↳ 부분게임 완전 내쉬균형
2

신빙성 재고
1. H를 위한 설비 확충
2. 대표 지시 → "R자로"
3. 평판 "K" ← 신뢰 ↑

19 게임이론의 응용

	부인 준수	자백 이탈
부인 준수	(8,8)	(1,9) ▲
자백 이탈	(10,1) ●	(4,4) ●▲

<용의자의 딜레마>

	야구장	미술관
야구장	(10,5) ●▲	(1,1)
미술관	(1,1)	(5,10) ●▲

<성의 대결>

	O	X
O	(-5,-5) ↓3	(10,0) ●▲ ↓18
X	(0,10) ●▲	(0,0)

<선도자의 이득>

	P↓	P↑
P↓	(-10,-10)	(10,-3) ●▲
P↑	(-3,10) ●▲	(3,3)

<경쟁적 게임>

▶ 전화게임

	A	B
A	(1,1)	(10,0)
B	(0,10)	(5,5)

$ER_A = p \cdot 1 + (1-p) \cdot 10 = 10-9p$

$\quad\quad\quad -3 \rightarrow 10-13p$

$ER_A = p \cdot 0 + (1-p) \cdot 5$

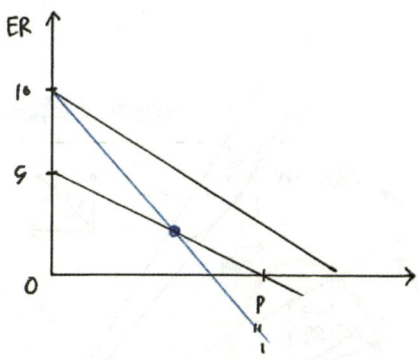

▶ 경매이론

A = 100
B = 90
C = 80
⋮

3억 □ → 네덜란드식과 비슷함. (제 1가격)

명국식 〃 (제 2가격)

Chapter 6 생산요소시장

01 노동시장을 활용한 기업의 이윤극대화

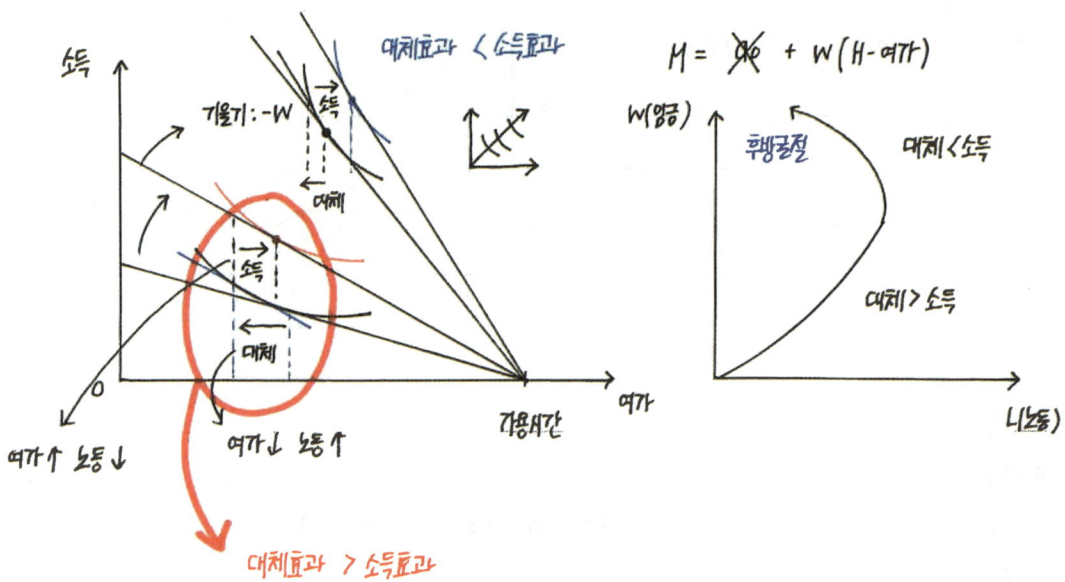

※ 노동수요 → ⓘ기업 → $\text{Max}\pi = TR - TC$ s.t. $P = \bar{P}$
  ($\bar{K}$)   L $P = a - bQ$

① $P = \bar{P}$: 상수

$\text{Max}\pi = P \cdot q - TC$
  L
      $= P \cdot q - WL - RK$

foc: $\frac{d\pi}{dL} = P \cdot MP_L - W = 0$

∴ "$W = P \cdot MP_L$"
  $W = MP_L$

<경쟁> $P \cdot MP_L = MR \cdot MP_L$

※ 노동자에게 지급되는 몫은 마지막으로 고용된 노동자의 한계생산물가치이다.

요소시장경쟁 : 기업이 지불할 수 있는 최대치
($W = \bar{W}$)
 상수

RK ← 자본가 총생산에 기여한 몫
클라크-윈스터드의 완전분배정리

WL ← 노동자들이 총생산에 기여한 몫
$P \cdot Q$

총액 (그래프 영역)
E_0
W_0
W_1

사람을 추가적으로 1명 더 고용할 때 늘어나는 매출액

저화시장에 경쟁이라 가격공평

$P \cdot MP_L = VMP_L$

L_0 L_1

독점이면 $MR \cdot MP_L$
$\hookrightarrow VMP_L$ 의미 X, 더 위에 존재

<암기>
- 자본이 증가할 때에는 수평선을 그린 다음 $\frac{a}{b}$ (자본의 증가율)

<기억하기>
- 가격이 오르면 수요곡선은 가팔라진다.
- 자본량이 증가하면   "   완만해진다.

02 노동시장의 균형

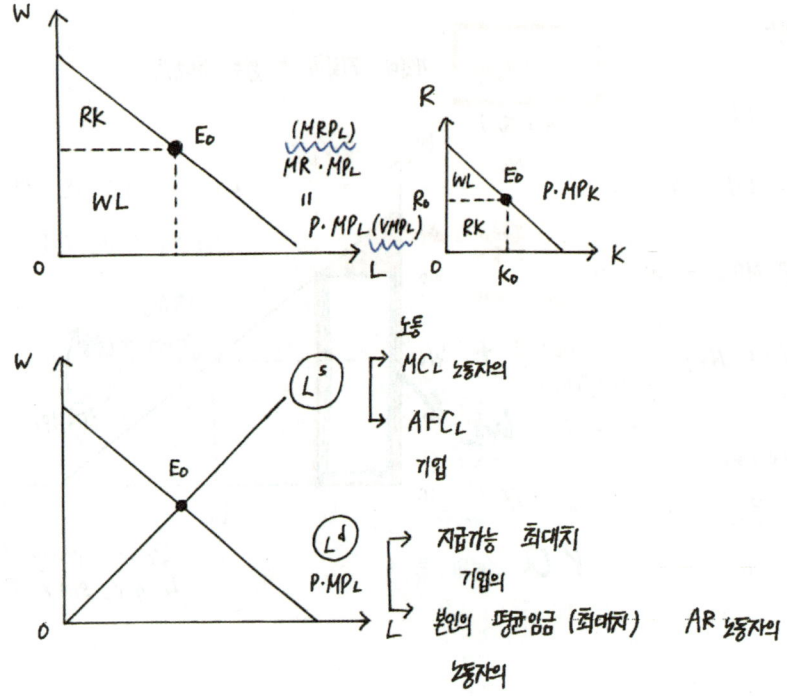

▶ 수요특징

$$Max\,\pi = TR - TC \quad s.t.\ P = \bar{P}$$
$$\quad\quad\quad L$$
$$= P \cdot q - wL - RK \quad (q = 2L^2 \text{ 대입})$$

$W = a + bL^s$

$$\dfrac{d\,WL}{dL} = \dfrac{d(a+bL)L}{dL}$$

$MFC_L = a + 2bL$

foc: $\dfrac{d\pi}{dL} = \dfrac{dTR}{dq}\cdot\dfrac{dq}{dL} - \dfrac{dTC}{dq}\cdot\dfrac{dq}{dL} = 0$

$\quad\quad\quad MR \cdot MP_L \quad - \quad MC \cdot MP_L \quad = 0$
$\quad\quad\quad\quad\quad\quad\quad\quad\quad\quad\text{기업}$

MFC_L (N명 고용할 때 늘어나는 요소비용)

※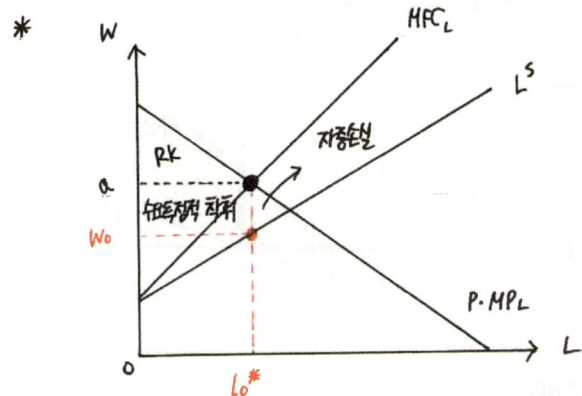

▶ 공급독점 (노조 존재)

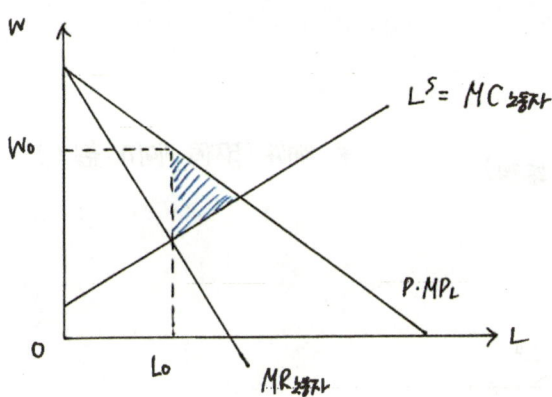

▶ 쌍방독점

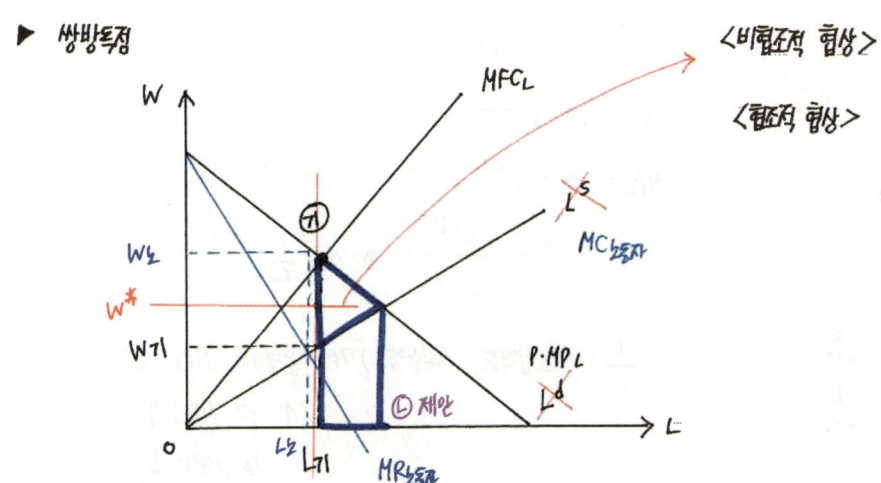

03 수요독점시 정부의 최저임금제와 기업의 선택

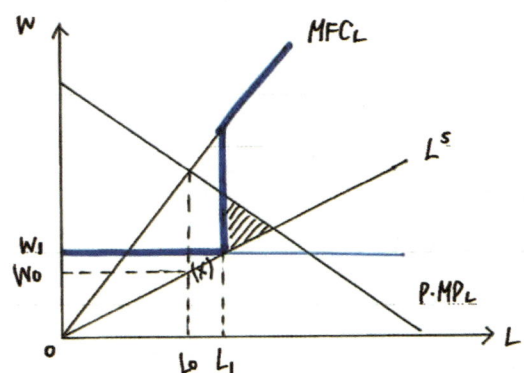
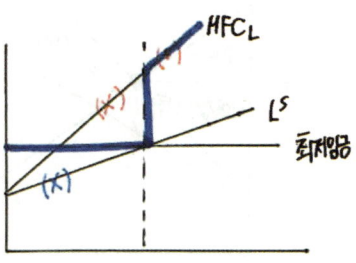

05 기능별 소득분배이론 (용어암기)

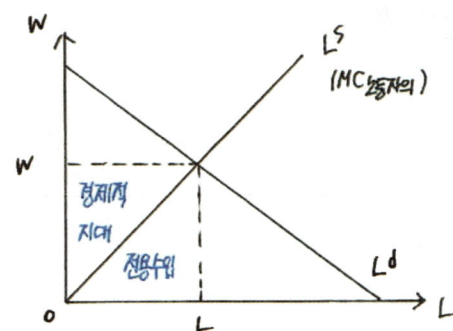

* 회계사 (경제적 지대가 높음)

〈한계생산력설〉

$W = P \cdot MP_L$

$w = \dfrac{W}{P} = MP_L$

ex) $q = A \cdot L^{\alpha} \cdot K^{1-\alpha}$

$MP_L = \alpha \cdot A \cdot L^{\alpha-1} \cdot K^{1-\alpha}$

$= \alpha \cdot A \cdot \dfrac{K^{1-\alpha}}{L^{1-\alpha}} = \alpha \cdot A \left(\dfrac{K}{L}\right)^{1-\alpha}$

L	K
100	200
↓	↓
300	600

$\dfrac{K}{L}$ (요소집약도, 자본집약도)가 불변이면 MP_L 불변

" ↑ ⎰ MP_L ↑
    ⎱ MP_K ↓

* 2차 동차함수) $W = \frac{MPL}{2}$, $r = \frac{MPK}{2}$

* 기능별 소득분배이론 - 생산함수가 주어졌을 때 요소들이 어떻게 나뉘는지

  계층별 " - 소득계층별로 어떻게 나뉘는지

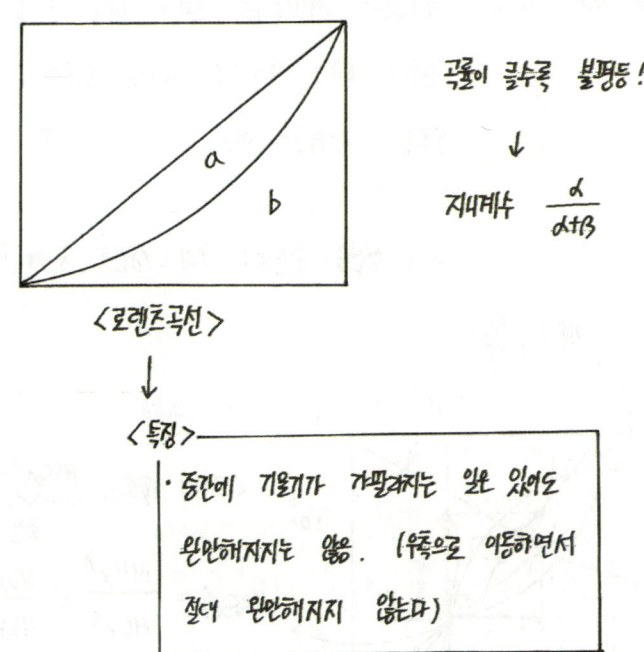

<로렌츠곡선>

곡률이 클수록 불평등!
↓
지니계수 $\frac{\alpha}{\alpha+\beta}$

<특징>
· 중간에 기울기가 가팔라지는 일은 있어도 완만해지지는 않음. (우측으로 이동하면서 절대 완만해지지 않는다)

▶ 균등분배 대등소득과 앳킨슨 지수

$SW = U_A + U_B$
  ～～～
  극대화 → 공리주의

ex) $U = \sqrt{M}$ → $\sqrt{400} + \sqrt{100} = 30$
  $M_A = 400$ $= \sqrt{225} + \sqrt{225} = 30$
  $M_B = 100$

<앗킨슨>
$A = 1 - \dfrac{Y_{EDE} = 225}{Y_{평균소득} = 250}$

Chapter 7 일반균형이론 및 후생경제학

01 파레토 효율 (용어 정리해주기)

ex) 모든 물건을 가진 철수 → 파레토 효율? → 한계효용이 체감할지는 몰라도 효용은 늘어남.
  (영수)   철수의 효용이 떨어지지 않고서는 영수의
                   효용은 증가하지 않음.
                        or
              X의 생산을 늘릴때 Y의 생산을 줄여야 함.

▶ 에지워스 상자

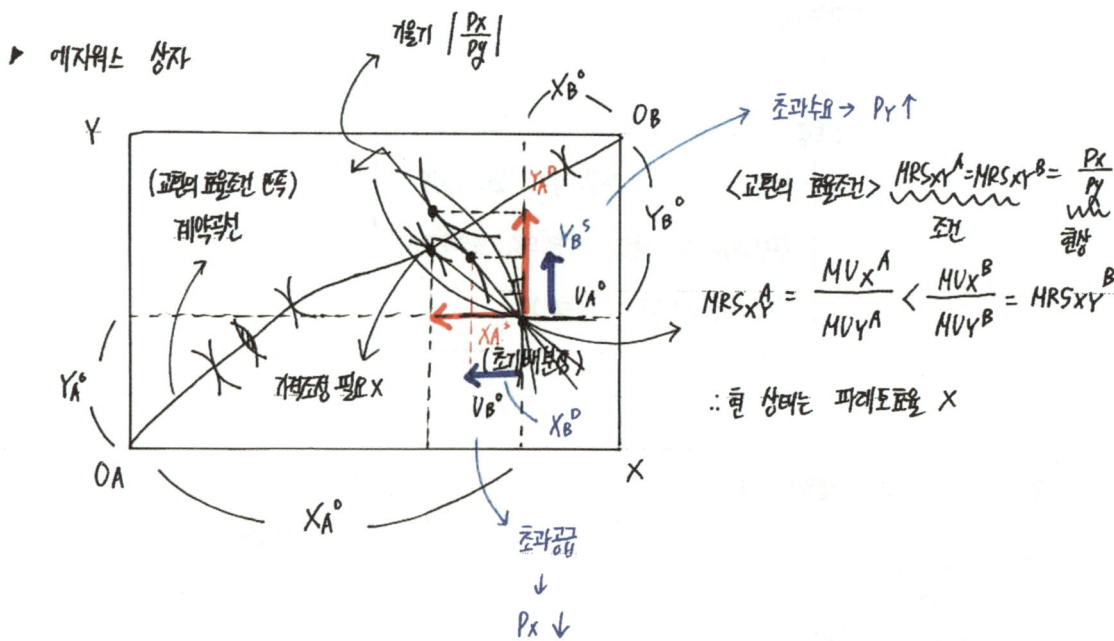

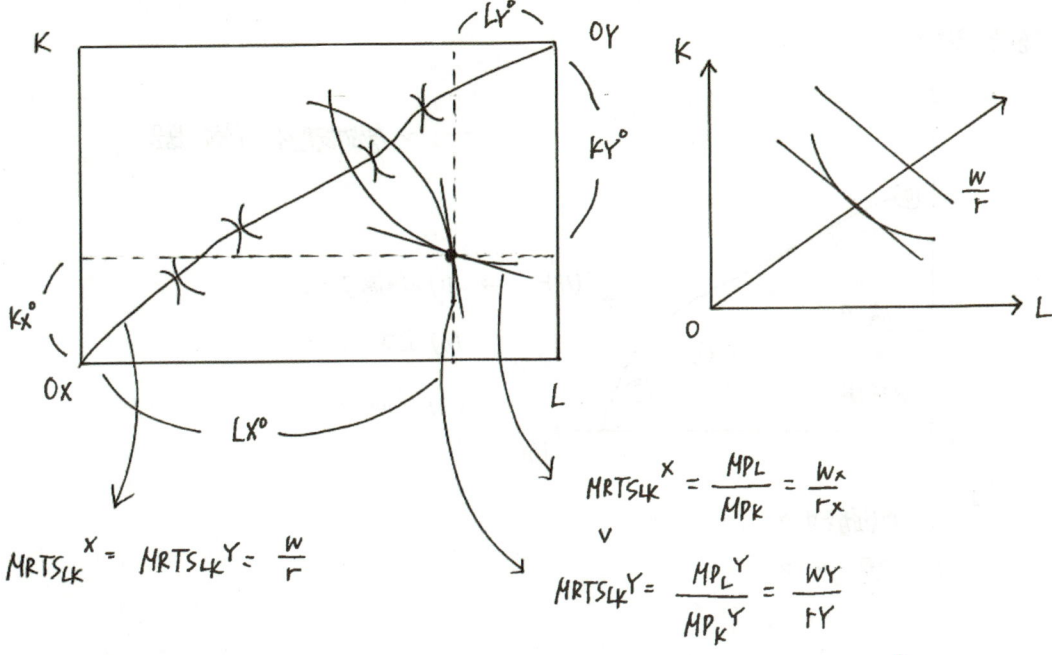

$MRTS_{LK}^X = \frac{MPL}{MPK} = \frac{W_X}{r_X}$

∨

$MRTS_{LK}^Y = \frac{MP_L^Y}{MP_K^Y} = \frac{W_Y}{r_Y}$

$MRTS_{LK}^X = MRTS_{LK}^Y = \frac{w}{r}$

※ $W = P \cdot MPL$ / $R = P \cdot MPK$

↳ 따. $\frac{w}{r}$가 같다 (1차적 조건)

$W_X = W_Y$
$R_X = R_Y$) 이동유인 X

↓

생산량을 변화시키는 것은 요마가 아니라, 노동자들과 자본가들이 이동했기 때문!

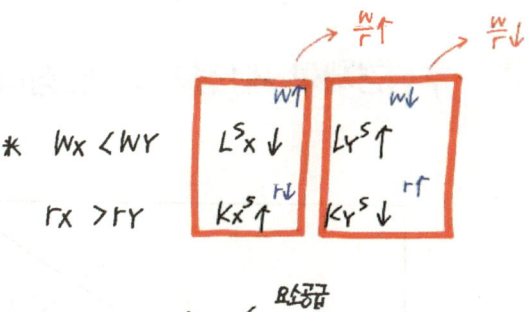

※ $W_X < W_Y$ 　$L^S_X ↓$　$L_Y^S ↑$
　　$r_X > r_Y$ 　$K_X^S ↑$　$K_Y^S ↓$

요소공급
✕
요소수요

∴ X·Y 산업에서 $\frac{w}{r}$가 일치해야함.

▶ 생산가능곡선　$MRS_{XY} > MRT_{XY}$

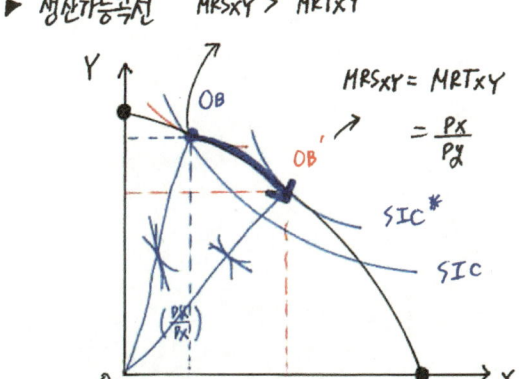

$MRS_{XY} = MRT_{XY} = \frac{P_X}{P_Y}$

⟨ PPC 위의 한 점에서 생산이 이루어진다면 생산의 효율조건이 만족됨을 의미한다
(L.K 에지워스 상자의 계약곡선 위)⟩

▶ 효용가능 경계선

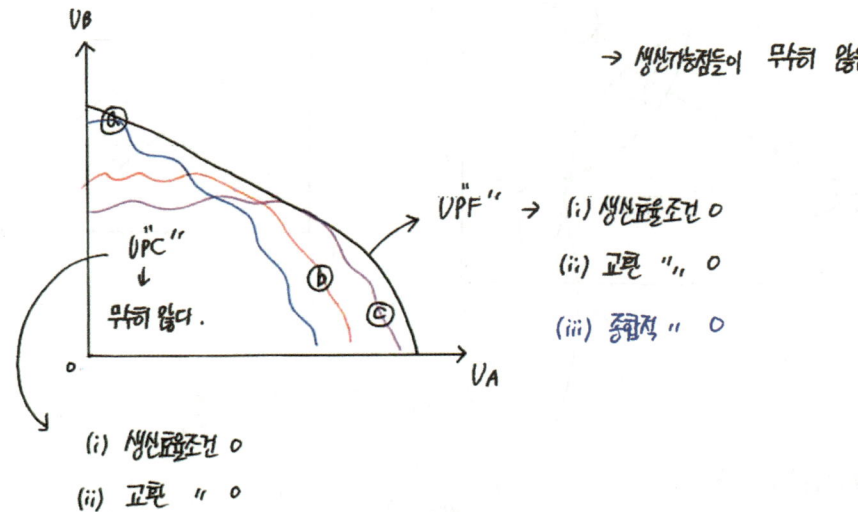

02 후생경제학 제1정리와 제2정리

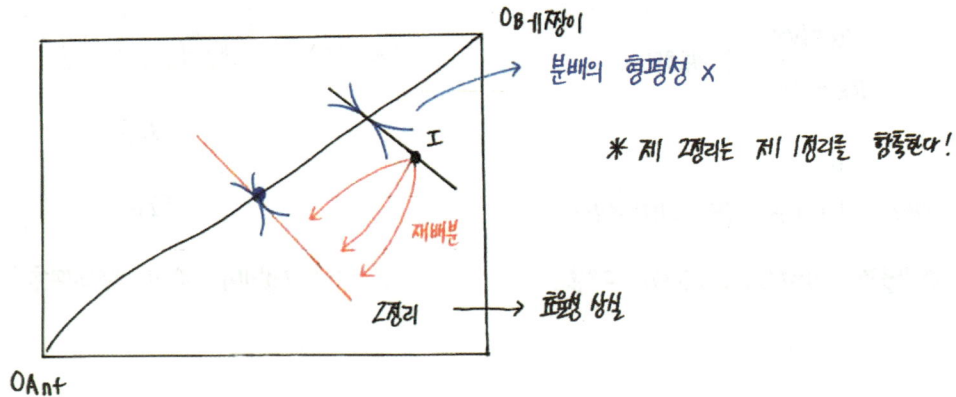

▶ 왈라스 법칙

$$\text{Max } U = X^{0.5}Y^{0.5}, \quad s.t. \ P_X X + P_Y Y = P_X \overline{X} + P_Y \overline{Y}$$

M↓ 부존량, 부존량

$$foc: MRS_{XY} = \frac{Y}{X} = \frac{P_X}{P_Y}$$

$$\therefore P_X X = P_Y Y$$

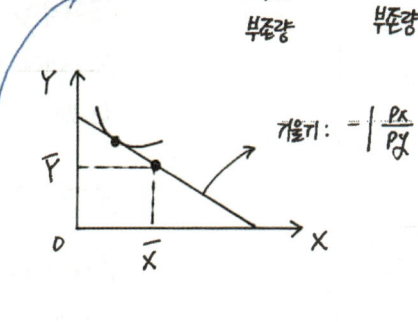

기울기: $-\left|\frac{P_X}{P_Y}\right|$

↓

$$2P_X X = P_X \overline{X} + P_Y \overline{Y}$$

$$\left\langle X = \frac{\overline{X}}{2} + \frac{P_Y \overline{Y}}{2P_X} \right\rangle - \overline{X} = ED_X$$

"왈라스 법칙" $P_X \cdot ED_X + P_Y \cdot ED_Y = 0$

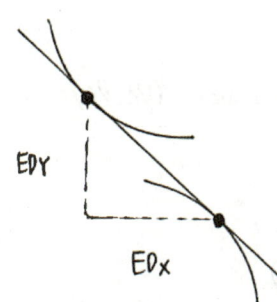

$$\frac{dY}{dX} = -\frac{P_X}{P_Y} = \frac{ED_Y}{ED_X}$$

$$-P_X \cdot ED_X = P_Y \cdot ED_Y$$

⟨계약곡선⟩ $U_A = X_A^{0.5} Y_A^{0.5}, \quad U_B = X_B^{0.5} Y_B^{0.5}$

$$MRS_{XY}^A = MRS_{XY}^B \qquad \text{총부존량 } \overline{X}, \overline{Y}$$

$$\frac{Y_A}{X_A} = \frac{Y_B}{X_B} = \frac{\overline{Y} - Y_A}{\overline{X} - X_A}$$

04 사회후생함수 관련 논의

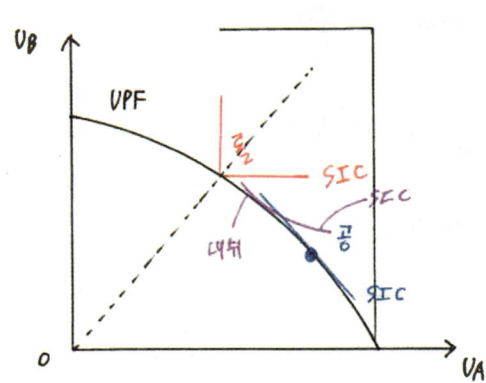

<공리주의> ← 서수성 ← 가측성
$$Max\ SW = U_A + U_B \quad s.t.\ UPF$$
$$U_A, U_B$$

<롤즈> → $M_A = M_B$ (소득) ✕   효용 (o)

$$Max\ SW = Min(U_A, U_B) \quad s.t.\ UPF$$
$$U_A, U_B$$

foc : $U_A = U_B$

<일반적인 사회후생함수> (내쉬 SW)

$$Max\ SW = U_A \cdot U_B \quad s.t.\ UPF$$
$$U_A, U_B$$

<니체>

$$Max\ SW = max(U_A, U_B)$$

▶ 애로우의 불가능성 정리
③ → 무관한 선택으로부터의 독립이 필요함. (예) 점수투표제)
  ↓
  보다 투표제

Chapter 8 시장실패와 정보경제학

01 시장실패

▶ 불완전경쟁
  독점 (하버거의 삼각형), 과점 (자중손실), 독점적 경쟁 (이윤이 0이어도 유휴시설 남겨둠)
  "시장실패" = 완전경쟁 달성 X

▶ 공공재
  ex) 경전철, 따릉이, 국방

▶ 외부효과 ┌ 생산과정
           └ 소비과정

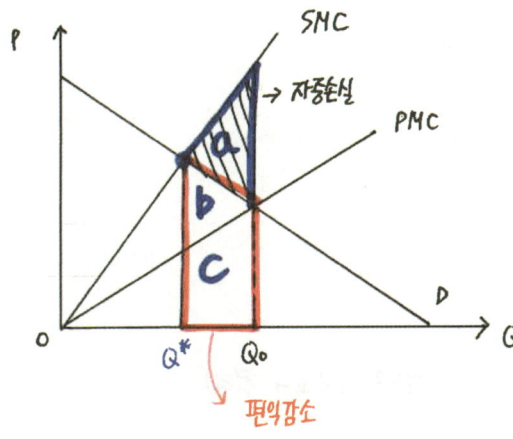

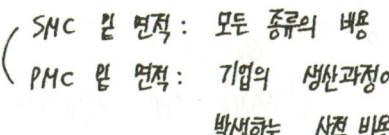

- SMC 밑 면적 : 모든 종류의 비용
- PMC 밑 면적 : 기업의 생산과정에서만 발생하는 사적 비용

$Q_0 \to Q^*$
: $\Delta TB = -b-c$
  $\Delta STC = -a-b-c$
      피해액   기업의
      감소분   사적비용 감소분

〈부정적인 생산의 외부효과〉

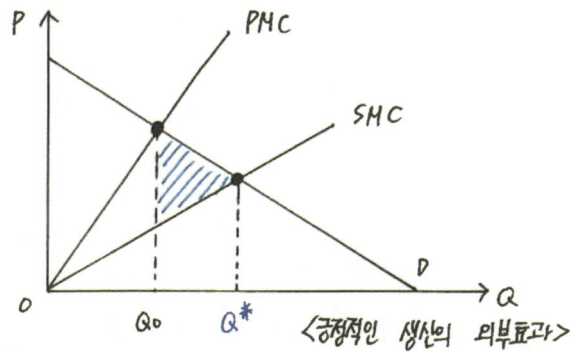

〈긍정적인 생산의 외부효과〉

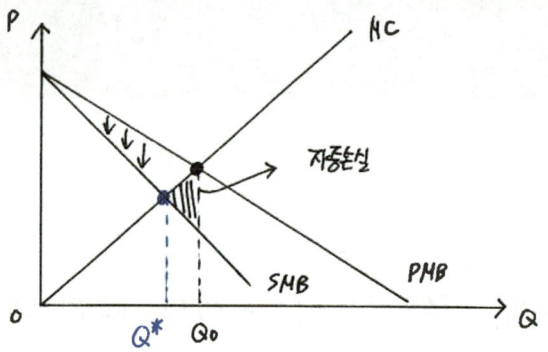

<부정적인 소비의 외부효과>

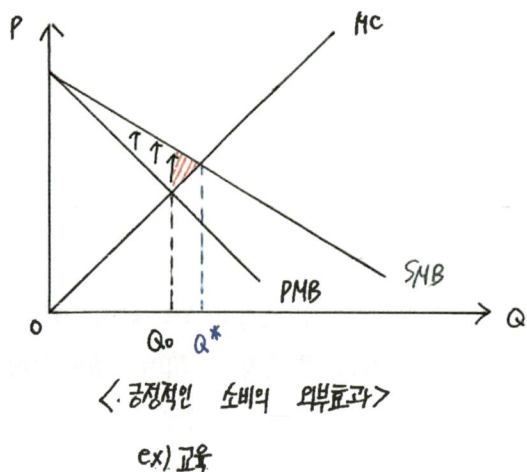

<긍정적인 소비의 외부효과>

ex) 교육

▶ 불확실성
   조건부 청구권 시장 형성 → 파레토 개선   (애로우-드브뢰의 정리)

▶ 정보의 비대칭성

02 정부실패

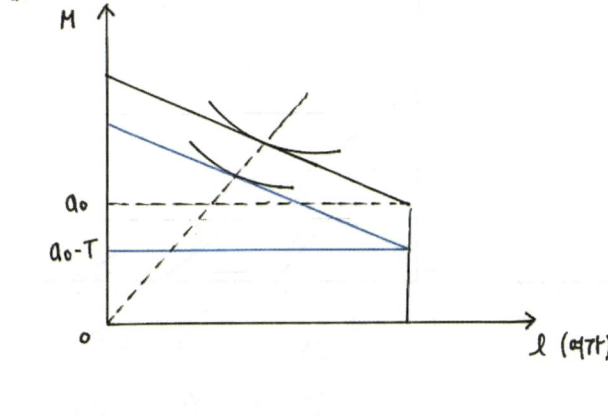

$W = P \cdot MPL$

* <한정성의 원칙>
문제가 있는 곳에 변화를 주고
싫으면 거기에 직접 손대기

03 공공재와 선호시현의 문제

> 내가 쓰면 낭들은 덜써야함.

	경합성	비경합성
배제성	사적재	독점, 비순수공공재 (TV) (지하철)
비배제성	공유재, 비순수공공재 (저) 복잡한 도로	순수공공재 * (국방, 치안, 법률) 등대 한산한 도로

돈내야 수요가능 ← 배제성

$Q_{개인} = \dfrac{Q_{전체}}{N_{구성원}}{}^{\alpha}$

⇒ 경합적이다: $\alpha = 1$
⇒ 비경합적이다: $\alpha = 0$

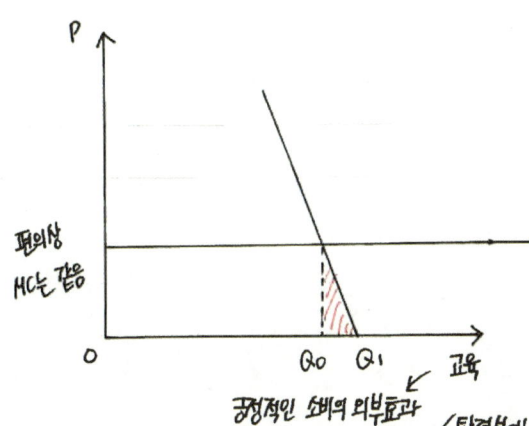

편의상 MC는 같음

공정적인 소비의 외부효과

$\Delta CS : a+b$
$\Delta PS : 0 \to 0$
$\Delta 정부 : -a-b-c$
―――――――――
$\Delta SW : -c$

<탄력성에 따른 비효율 고려>

▶ 공공재의 적정생산수준의 조건

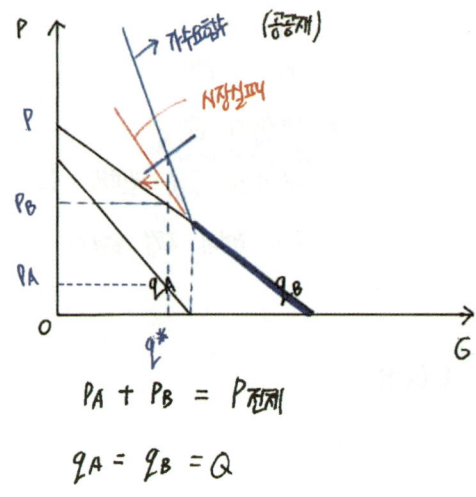

$P_A + P_B = P_{전체}$
$q_A = q_B = Q$

$P_A = P_B = P$
$q_A + q_B = Q_d$
↓
모두에게 같은 가격 설정, 수요량이 다를 뿐!

(ex) $P_A = 20 - q_A$
   $+ P_B = 30 - q_B$
   ─────────────
   $P = 50 - 2Q$

(ex) $P_A = 20 - q_A$ ⇒ $q_A = 20 - P_A$
   $P_B = 30 - q_B$ $q_B = 30 - P_B$
                        ─────────────
                        $Q_d = 50 - 2P$

$\boxed{\begin{array}{l} MB_G^A + MB_G^B = MC_G \\ MB_X^A = MB_X^B = MC_X \end{array}}$ … 보웬의 조건

$MRS_{GX}^A + MRS_{GX}^B = MRT_{GX}$ (사무엘슨 조건)

▶ 무임승차의 문제
  - 선호를 과소시현 / 이서현의 문제 발생

▶ 공공재 수요 추정 방법

04 투표를 통한 공공선택이론

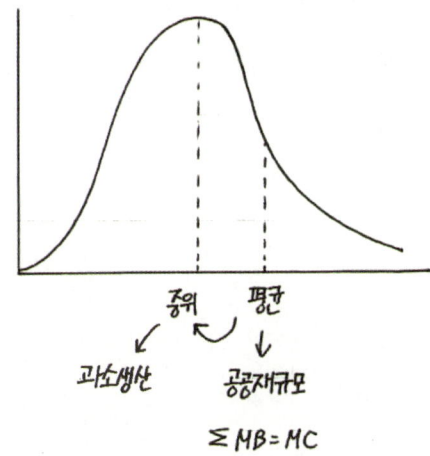

중위 → 과소생산
평균 → 공공재규모
$\sum MB = MC$

▶ 투표의 역설

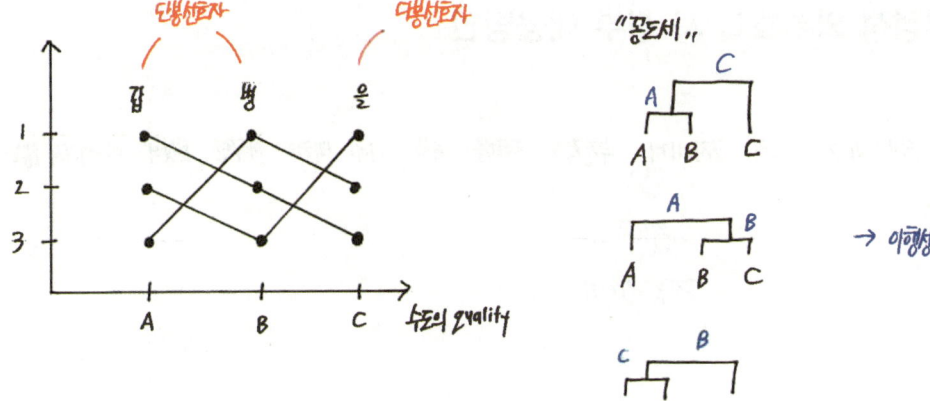

→ 이행성위배

※ 대변선호자가 없어도 투표의 역설이 생기는 것이 가능
모두가 단봉선호자여도 투표의 역설 발생 가능 (다차원적)

▶ 투표거래

	A	B	C
갑	3 (X)	-8	7	2 → 7
을	-8	3 (X)	7	2 → 7
병	6	6	-6	6 → -6

(+1) (+1) (+8)

▶ 점수투표제와 보다투표제
   순위를 매기고 숫자를 합한 다음 선호의 순서를 보이게 함.

05 부정적 외부효과 시 정부 대응방안

<부정적 외부효과> : 제 3자에게 부정적인 (이득) 피해를 유발, 이에 대해 아무런 보상이 이루어지지 않는 것
(긍정적)   의도치 않는
                                           3자를 가리킴

- 사적해결방법 : ┌ 합병
                 └ 코우즈 정리

- 공적해결방법 : ┌ 직접규제
                 └ 시장활용방식 ┌ 피구조세 Q
                                ├ 피구보조금 (감산보조금)
                                ├ 오염배출권 거래
                                └ 오염부과금

▶ 기업합병

$$C_A = 100X^2$$
$$C_B = 50Y^2 + 50X$$

$A \to X\uparrow \to C_B\uparrow$: 부정
$\qquad\qquad\;\; \to C_B\downarrow$: 긍정

cf) $C_B = 50Y^2 - 50X$

<A기업>

$$Max\;\pi_A = TR_A - TC_A \quad s.t.\; P_X = \overline{P_X}$$
$$= \overline{P_X} \cdot X - 100X^2$$
$$foc: \frac{d\pi_A}{dX} = \overline{P_X} - 200X = 0$$
$$X = \frac{P_X}{200}$$

<B기업>

$$Max\;\pi_B = TR_B - TC_B \quad s.t.\; P_Y = \overline{P_Y}$$
$$= \overline{P_Y} \cdot Y - (50Y^2 + 50X)$$
$$foc: \frac{d\pi_B}{dY} = P_Y - 100Y = 0$$
$$Y = \frac{P_Y}{100}$$

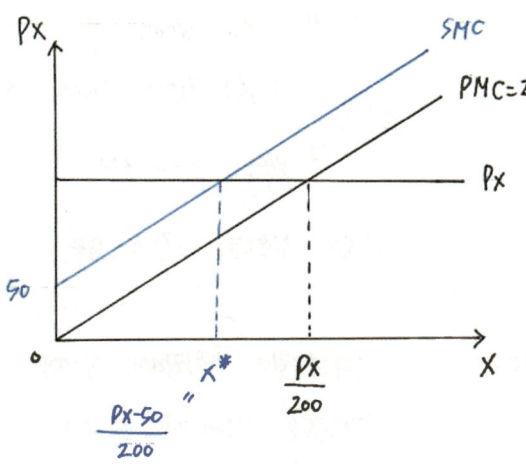

$STC_A = 100X^2 + 50X$
$\qquad\qquad\;\;\underbrace{\quad}\;\;\underbrace{\quad}$
$\qquad\qquad\;\;PTC_A \quad$ 피해액

$SMC_A = 200X + 50$
$\qquad\qquad\;\;\underbrace{\quad}\;\;\underbrace{\quad}$
$\qquad\qquad\;\;PMC_A \begin{bmatrix} SMD \\ MED \end{bmatrix}$

$$Max\;\pi = P_X \cdot X + P_Y \cdot Y - (100X^2) - (50Y^2 + 50X), \quad s.t.\; P_X = \overline{P_X},\; P_Y = \overline{P_Y}$$
X,Y

$$foc: \frac{d\pi}{dX} = P_X - 200X - 50 = 0, \quad X = \frac{P_X - 50}{200}$$
$$\frac{d\pi}{dY} = P_Y - 100Y = 0, \quad Y = \frac{P_Y}{100}$$

→ 외부효과의 내부화 (내재화)

▶ 코우즈 정리

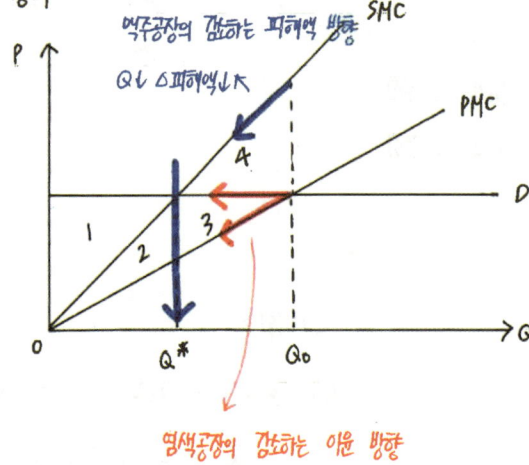

1. 강의 소유권이 염색공장에게 있을 때

   현재 생산량: Q_0

   염색공장 마음대로

   맥주공장 피해액: 2+3+4

   맥주 → 염색: 요청 ⟨Q↓⟩

   Q^* 달성 (염색) 감소하는 이윤: 3

   가능 (맥주) 감소하는 피해액: 3+4

   → 보상금: 3 ~ 3+4

   Q^* 보다 왼쪽으로는 갈 수 없음.

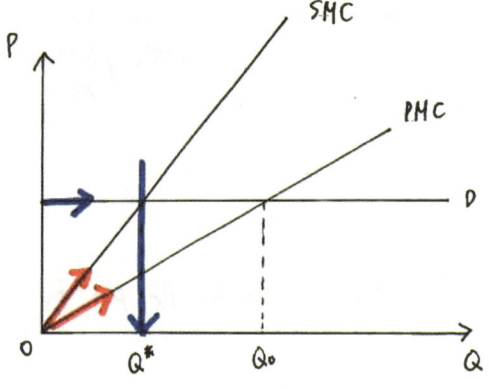

2. 강의 소유권이 맥주공장에게 있을 때
   (염색공장은 오염정화기술 보유 X)

   현재 생산량: 0

   염색 → 맥주 요청 ⟨Q염색 ↑⟩

   Q^* 달성 (염색) 늘어나는 이윤: 1+2

   가능 (맥주) 늘어나는 피해액: 2

   → 보상금: 2 ~ 1+2

   Q^* 보다 오른쪽으로 갈 수는 없음.

＊ 소유권을 누구에게 이전하든 상관없음.
자발적인 협상을 통해 Q^* 달성 가능

※ 코우즈 정리가 성립하기 위해서는 소유권을 인정시켜줄 매개체가 필요함.
이해당사자의 확정 필요, 협상비용 ↓, 소득효과 ✗
　　　　　　　　　　　　　　　　　　　　엄격해주기
　　　　　　　　　　↓
협상을 하면서 Q^*로 점차 나아감.
→ 소득의 한계효용이 체감하는 것이 일반적
　　= 소득효과 존재
⇒ 소득의 한계효용이 일정한 상수여야 함.
　　= 소득효과 ✗

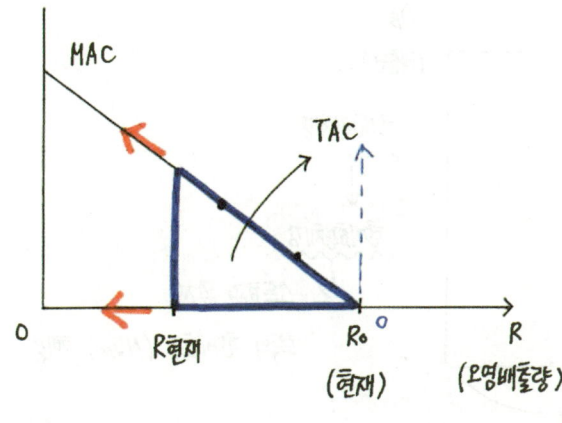

한계저감비용 체증

$$\frac{dTAC}{d(R_0 - R)} = MAC$$

$$"$$

$$\frac{dTAC}{d-R}$$

오른쪽에서 왼쪽으로 쌓임.

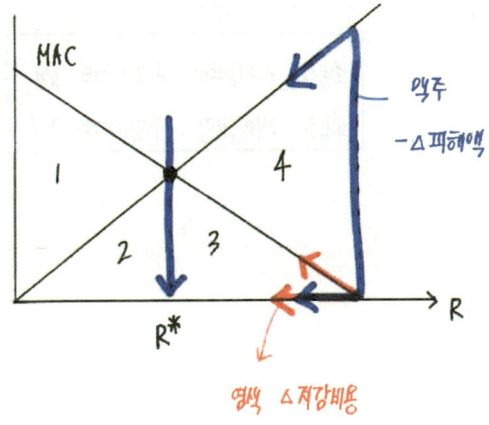

1. 강의 소유권이 염색공장에게
   현재 방출량 : R_0
   약주 피해액 : 2+3+4
   약주 → 염색 : 요청 $R↓$

   R^* 달성 (염색) 늘어나는 저감비용 : 3
   　　　(약주) 줄어드는 피해액 : 3+4
   가능 ↘
   　　보상금 : 3 ~ 3+4

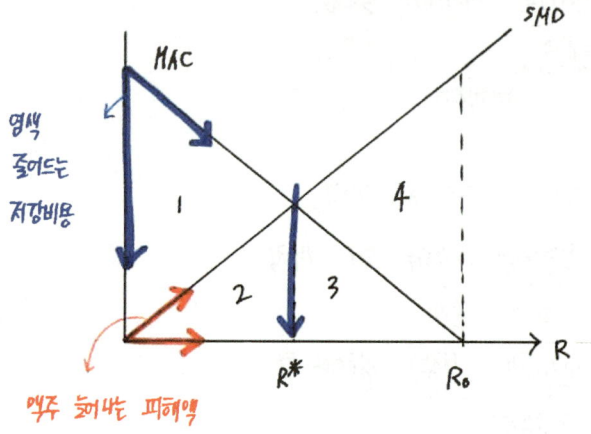

2. 강의 소유권이 맥주공장에게
   (염색공장은 오염장치를 보유 O)

   현재 방출량 : 0
   염색 총 저감비용 : 1+2+3
   염색 → 맥주 : 요청 R↑

   R* 달성 (염색) 감소한 총저감비용 : 1+2
              (맥주) 늘어난 피해액 : 2

   가능 ↘ 보상금 : 2 ~ 1+2

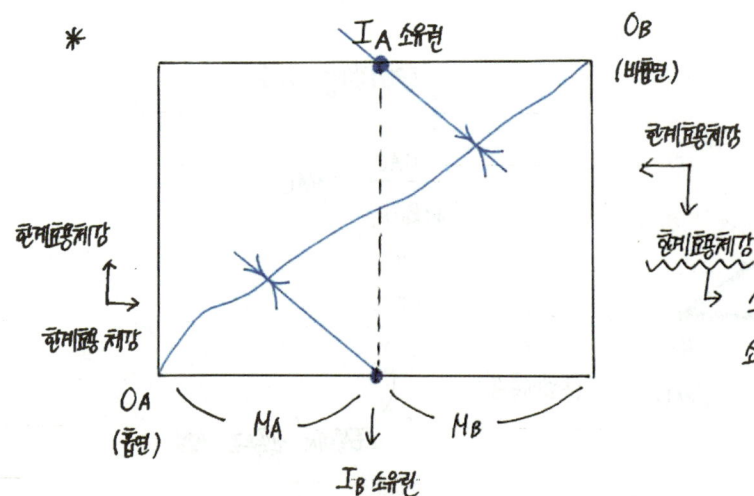

한계효용체감
  ↓
한계효용체감
  ↳ 소득효과 존재
    소득의 한계효용 (MUM) 체감

* 소득의 한계효용이 체감한다는 것은,
  소득도 재화처럼 판단하겠다는 것!

▶ 공적 해결방법

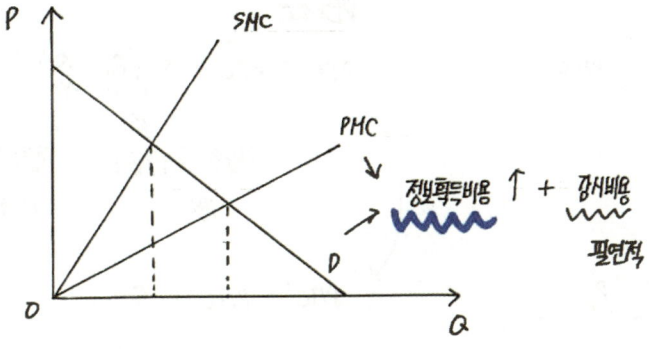

정보획득비용 ↑ + 감시비용
필연적

외부효과 [긍정적 / 부정적] → [조세 → 피구조세 / 보조금 → 피구보조금]

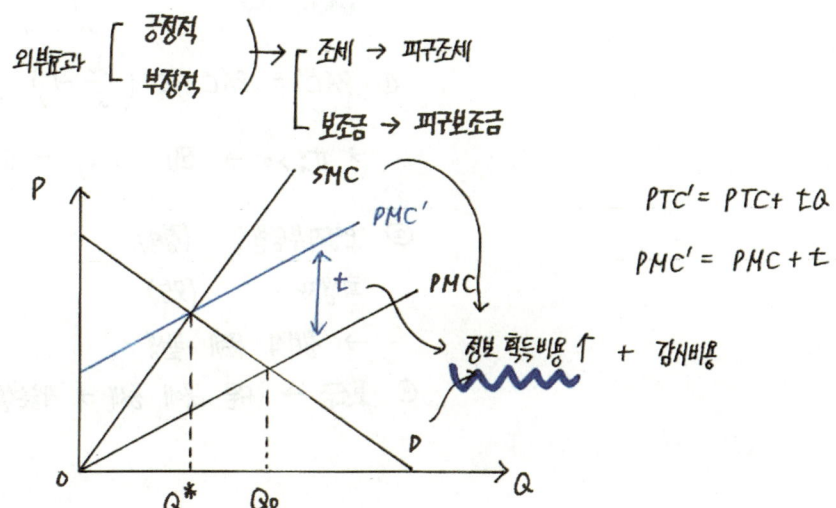

$PTC' = PTC + tQ$

$PMC' = PMC + t$

정보 획득비용 ↑ + 감시비용

Cf) 긍정적인 생산의 외부효과

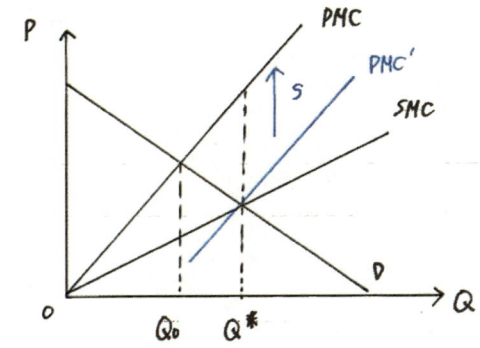

$PTC' = PTC - sQ$

$PMC' = PMC - s$

정보획득비용 ↑

▶ 감산보조금

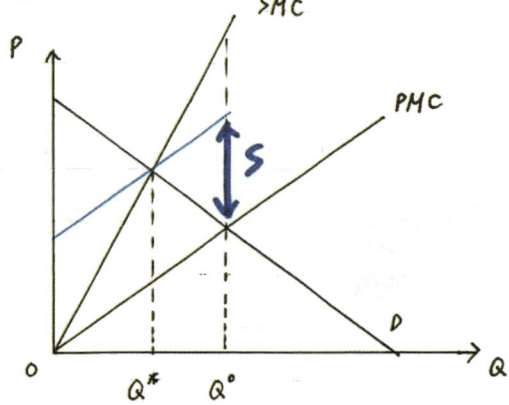

감산보조금

$PTC' = PTC - S(Q_0 - Q)$

        ↙   ↘

    고정된 현재생산량   기업의 선택

       (상수)   (변수)

$PMC' = PMC + S$

정보획득비용 ↑

① $PAC' = PAC - S\left(\dfrac{Q_0}{Q} - 1\right)$ PAC↓

→ $\pi_i > 0$ → 진입 → S↓ → Q↑

② 오염자부담원칙 (정석)
    희생자 〃   (모순)
  → 정서적 문제 발생

③ 보조금 → 다른 곳에 증세 → 자중손실 ↑↑

▶ 증산보조금

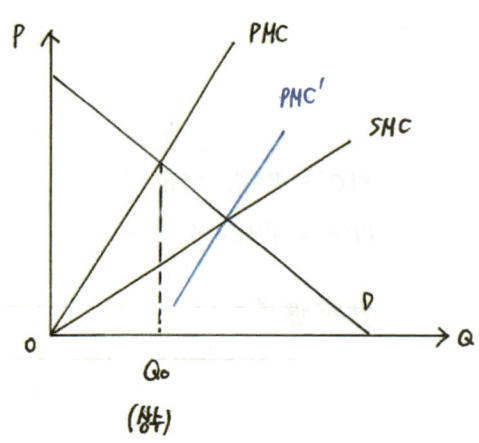
(상수)

$PTC' = PTC - S(Q - Q_0)$
$PMC' = PMC - S$

▶ 오염배출권 거래

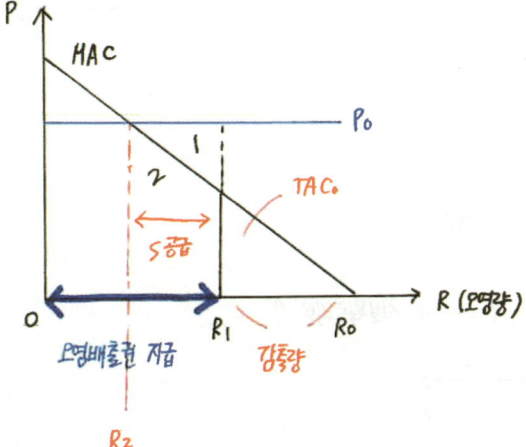

$R_1 \to R_2$ ┌ 기업의 추가매출 : 1+2
              │ (배출권 판매 매출↑)
              └ 추가적으로 저감비용 증가분 : 2

$\Delta \pi = 1$

∴ 기업은 공급자$_{배출권}$ 가 된다.

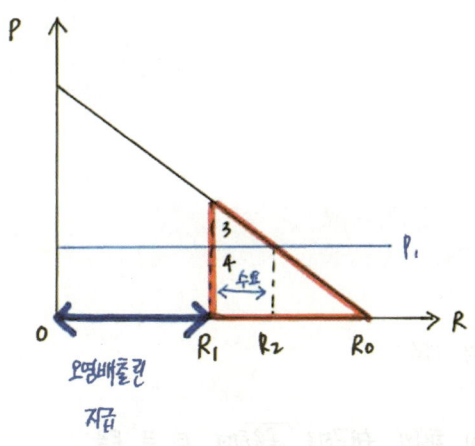

$R_1 \to R_2$ ┌ 늘어나는 비용 : 4
              │ (추가 배출권 구매 비용↑)
              └ 감소하는 저감비용 : 3+4

$\Delta \pi = 3$

∴ 기업은 수요자

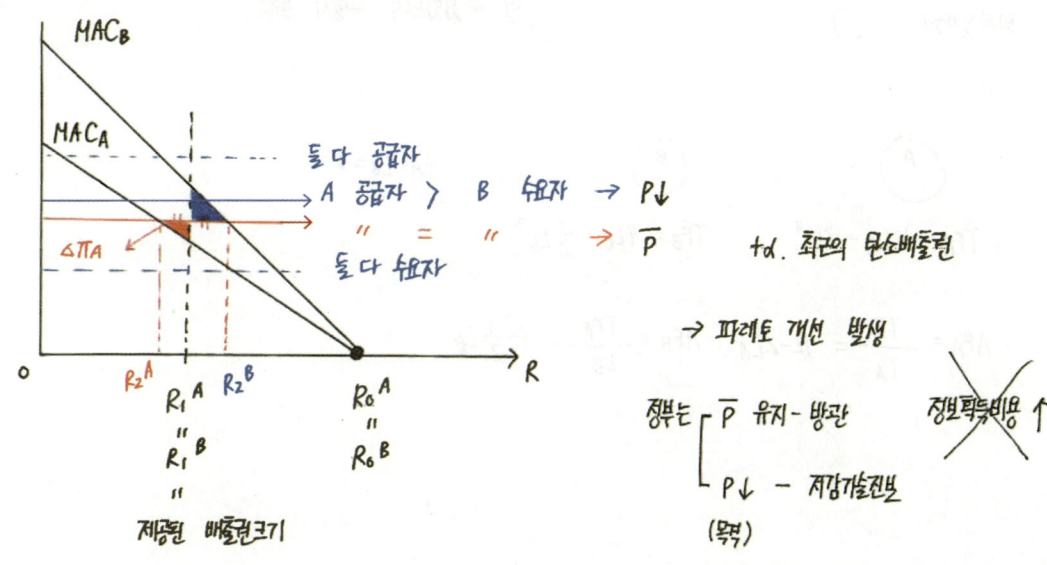

둘 다 공급자
A 공급자 > B 수요자 → P↓
  ″   =   ″   → $\bar{P}$ +α. 최적의 오염배출권
둘 다 수요자

→ 파레토 개선 발생

정부는 ┌ $\bar{P}$ 유지 - 방관   정보획득비용 ↑ ✗
        └ P↓ - 저감기술진보
             (목적)

✳︎ 피해를 끼치는 영역이 동일 (국지적)

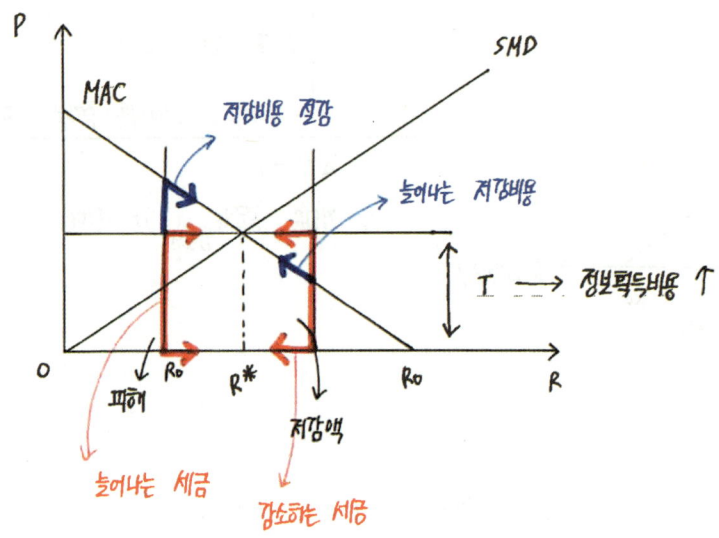

06 외부효과에 따른 공유지의 비극

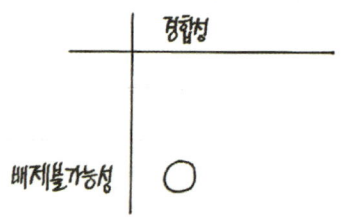

〈공유지의 비극〉
2 가업이 하나의 수요곡선을 공유하여 더 큰 돈을 벌 수 있었는데 그렇지 못함.

$L_A + L_B = 5$

$TF_A = 12L_A - 2L_A^2 \qquad TF_B = 7L_B - \frac{1}{2}L_B^2$

$AF_A = \dfrac{TF_A}{L_A} = 12 - 2L_A \qquad AF_B = \dfrac{TF_B}{L_B} = 7 - \dfrac{1}{2}L_B$

① 자율적으로 뉴시터 선택

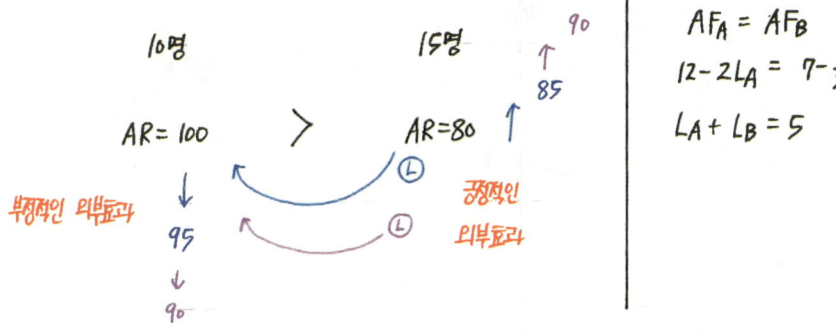

$$AF_A = AF_B$$
$$12 - 2L_A = 7 - \frac{1}{2}L_B$$
$$L_A + L_B = 5$$

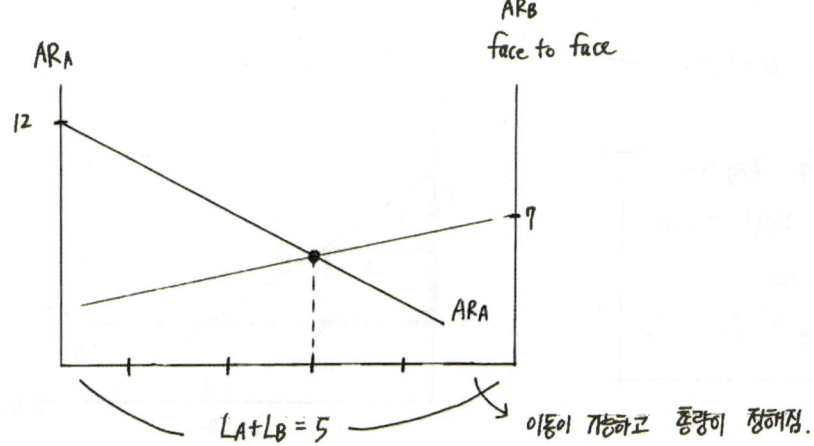

② 전체 수입 극대화

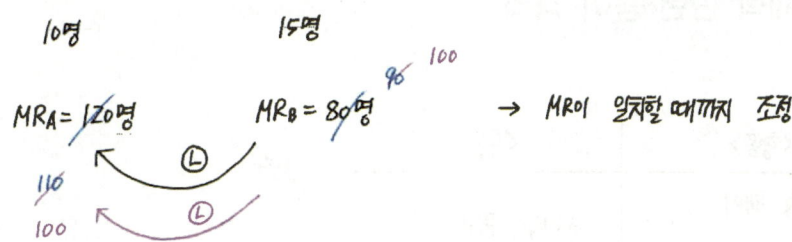

→ MR이 일치할 때까지 조정

$$MF_A = \frac{dTF_A}{dL_A} = 12 - 4L_A$$

$$MF_B = \frac{dTF_B}{dL_B} = 7 - L_B$$

$12 - 4L_A = 7 - L_B$ / $L_A + L_B = 5$

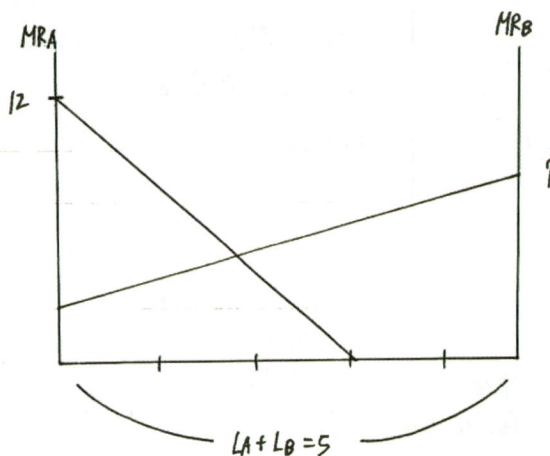

* ⟨하나의 공유지가 존재⟩
① 자율적으로 맡기면 $\pi_i = 0$
② 전체이윤 극대화
$$\underset{n}{Max}\ \pi_{전체} = TR_{전} - TC_{전}$$

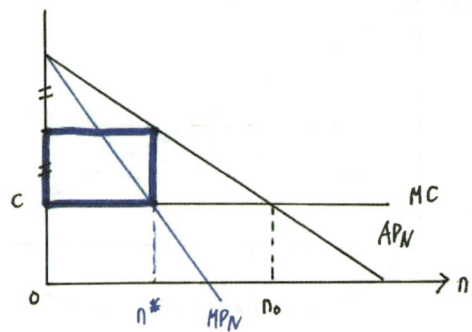

07 정보경제학 관련 용어 정리

	⟨행동⟩	⟨특성⟩	~~창설구~~
사회적 관점 →	도덕적 해이	역선택의 문제	
	본인-대리인 문제		
	ex) 사장-직원	개살구시장	
	보험회사-고객		
	국민-행정관료		
	주주-전문경영인		
	참여제약	(정보O) ↘ 선별	
	유인일치제약	신호발송 ↗ (정보X)	

08 감추어진 특성과 관련된 정보경제학의 문제

〈단일보수〉
① 모두 시장에 참여

$MP_N^e = \frac{1}{2} \cdot 2000 + \frac{1}{2} \cdot 1600 = 1800$

↓
유지불가 → 철회

② 기업은 어쩔 수 없이 1600 × 10년 계약
대부분 L

개살구 시장, 역선택

〈선별작업〉
교육연수 n년 기준
교육비 H= 500/1년, L= 1000/1년

H ○↗ 2000×10년 - 500×n
  ✓
  ✗↘ 1600×10년 ······   n<8

L ○↗ 2000×10년 - 1000×n
  ∧
  ✗↘ 1600×10년   4<n

4<n<8

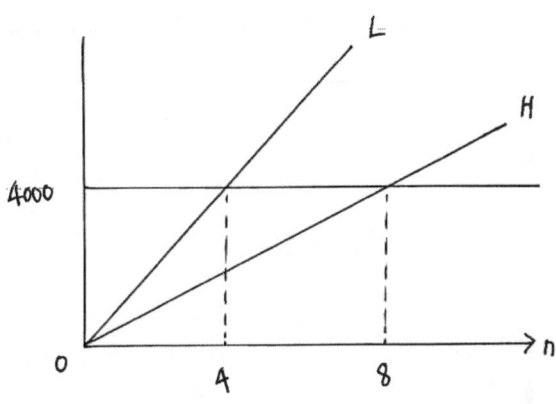

▶ 중고 자동차 시장

	500대 H	500대 L
판매자	400	200
구매자	480	240

〈단일가격〉
① 둘 다 시장에 판매

$B^e = \frac{1}{2} \cdot 480 + \frac{1}{2} \cdot 240 = 360$

유지 X

② H는 시장에서 거래 X
구매자 240 제시 ~ 판매자 200
↓
개살구 형성

<보증을 통한 신호발송> (X개월)   구매자 /1개월

H= 7만원/1개월, L= 45만원/1개월 → 보증시 H→5만원, L→20만원

H $\Big\langle$ O↗ $(480+5X)-7X$
     V
     X↘ ~~240~~ 400 (거래 X)

L $\Big\langle$ O↗ $(480+5X)-45X$
     ∧
     X↘ 240

∴ $6 < X < 40$

※ 잠재적 구매자는 무한대
  = 수요곡선이 수평

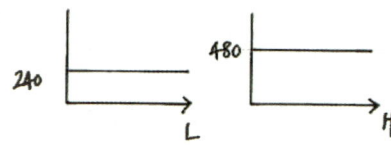

소비자 ① H, L 구별가능

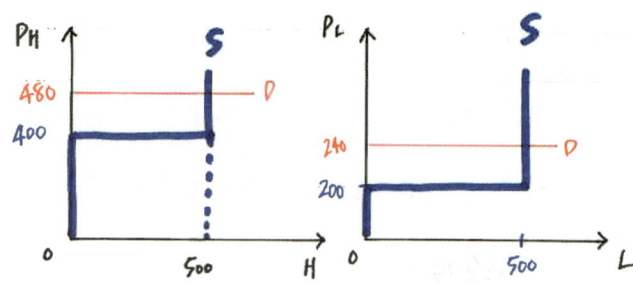

② H, L 구별 X

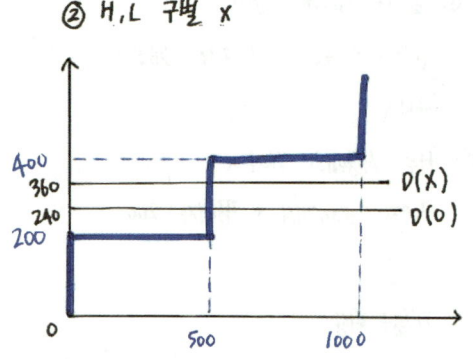

독다시장
$B^e = \frac{1}{2}\cdot 480 + \frac{1}{2}\cdot 240 = 360$

※ 정보비대칭이라 해서 무조건
   시장실패가 발생하는 것은 아님 → "공동균형"

09 감추어진 행동과 관련된 정보경제학의 문제

		W_g ↑ 50000	W_b ↑ 20000
$C=70$	H	0.8	0.2
$C=30$	L	0.4	0.6

$$\max_{W_g, W_b} \pi^e = 0.8(50000 - W_g) + 0.2(20000 - W_b)$$

s.t. 참여제약 $U_H^e \geq 120$

$$0.8(\sqrt{W_g} - 70) + 0.2(\sqrt{W_b} - 70) \geq 120$$

유인일치제약 $U_H^e \geq U_L^e$

$$0.8(\sqrt{W_g} - 70) + 0.2(\sqrt{W_b} - 70)$$
$$0.4(\sqrt{W_g} - 30) + 0.6(\sqrt{W_b} - 30)$$

$$\sqrt{W_b} \geq -4\sqrt{W_g} + 950$$

$$\sqrt{W_b} \leq \sqrt{W_g} - 100$$

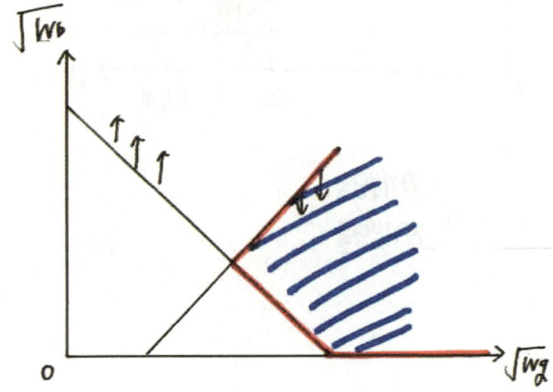

▶ 고정급과 성과급

	호황	불황
H	4000	2000
L	2000	1000

성과급 = 40%

$W_H^e = \frac{1}{2}[4000 \times 0.4] + \frac{1}{2}[2000 \times 0.4] - 500 = 700$

$W_L^e = \frac{1}{2}[2000 \times 0.4] + \frac{1}{2}[1000 \times 0.4] = 600$ ✓

▶ 과다 수요의 문제

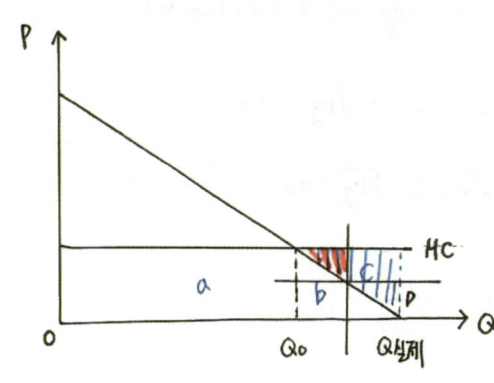

병에 걸릴 확률 : π

$\Delta CS : a+b$

$\Delta PS_{병원} = 0$

$\Delta PS_{보험} = -a-b-c$

$\Delta SW = -c$

기대사회후생손실 $c \times \pi$

(자기부담금
  자기부담률

MICRO ECONOMICS
CPA 미시경제학 마인드

제1판1쇄	2022년 6월 30일 발행	
제1판2쇄	2023년 6월 20일 발행	
제1판3쇄	2024년 8월 30일 발행	
지은이	윤 지 훈	
펴낸이	이 은 경	
펴낸곳	㈜세경북스	
주 소	서울특별시 서초구 방배천로26길 25 유성빌딩 2층	
전 화	02-596-3596	저자와의 협의하에 인지를 생략함
팩 스	02-596-3597	
신 고	제2013-000189호	
정 가	6,000원	

이 책의 모든 권리는 ㈜세경북스에 있습니다.
본 출판사의 동의 없이 내용을 복제하거나 전산장치에 저장·전파 할 수 없습니다.
Printed in Korea
ISBN : 979-11-5973-310-9 13320